SIEGFRIED RABE

Golden Girls

Siegfried Rabe

Golden Girls

Dorothy, Rose, Blanche und Sophie

Herbig

Umschlagsgestaltung: Buch und Werbung, Berlin,
unter Verwendung zweier Motive
der Bildagentur tony stone, München
Satz: Fotosatz Pfeifer GmbH
Gesetzt aus der Walbaum Lino 10,5/13 Punkt,
System Linotronic, Linotype-Hell AG
Druck und Binden: Ebner Ulm
Printed in Germany
ISBN: 3-7766-1742-X

Inhalt

Vorwort

Schon der Titel der Serie ist die pure texanische Übertreibung; denn selbst bei höflicher Errechnung eines Durchschnittsalters befänden sich die goldenen Mädchen günstigstenfalls im besten Mannesalter. Die mafiosante italienische Mama Sophias ist über siebzig, und die übrigen drei, Dorothy, Blanche und Rose, teils verwitwet, teils geschieden, sind allesamt der Herbstzeitlose näher als der Frühlingsprimel.

Dafür ist der blühende Blödsinn, den sie wortreich verzapfen, unverwelkt und überaus befruchtend. Mit seiner ansteckenden Heiterkeit kultiviert er geradezu das weite Feld gequälter Lustigkeit, das von den Machern und Programmgestaltern von Komödien & Cie. eher mühsam als erfolgreich beackert wird.

Seit uns das Streichquartett mit Streitkultur und dem Charme von Stacheldraht und Rübensaft in den Ohren liegt, wird immer wieder nachgefragt, ob die Golden Girls nicht auch als Buch zu haben sind, und wenn nein, warum eigentlich nicht?!

Nun, hier sind sie, im nachgedruckten Originalton mit messerscharfem Witz und offenbar angeborener Boshaftigkeit. Die vier Damen im Rentenalter befinden sich durchaus noch auf dem Höhepunkt ihrer Schaffenskraft, auch wenn sich an den Drehbüchern mittlerweile sechsundzwanzig Autoren verschlissen haben.

Seit ihrem Start 1985 liegen die Golden Girls in der Gunst der Zuschauer weit vorn. Das liegt natürlich in erster Linie daran, daß sie unsere gemütvolle Vorstellung vom sonnigen Lebensabend gehörig durcheinanderwirbeln. Kaum ein Thema, das sie nicht nur nicht auslassen, sondern genußvoll auswalzen, kaum ein Tabu, das sie respektieren. Das war auch für das deutsche Publikum ungewohnt. In Amerika war es geradezu ein Schock. Die Fernseh-Omas aus deutschen Landen sind aus anderem Holz geschnitzt, sie sind gütig und weise, moralisch und humorvoll. Alles liebenswerte Eigenschaften, die die Golden Girls auch besitzen, ohne jedoch damit zu protzen.

Dem lasterlustigen Quartett aus Miami wird von der Kritik eine Vorbild-Funktion für alte Menschen bescheinigt, was wohl besser mit »Motivierung« bezeichnet werden sollte. Nach dem Willen der Autoren und auch der Darsteller sind die Golden Girls einfach Frauen, die Spaß haben wollen und Spaß verbreiten möchten, die dem Neuen aufgeschlossen gegenüberstehen, ohne das Gefühl, nicht mehr dazuzugehören. Im Leben stehen, das wollen sie, und nicht auf dem Altenteil sitzen.

Rose sucht einen Job

Roses Jobsuche ist ein typisches Beispiel dafür, daß die Golden Girls nie den Versuch unternehmen, das Kernstück jeder Episode, das zentrale Problem, mit Witz und Schnauze totzureden. Bei aller Frivolität und Sprücheklopferei bleibt die Bitternis einer ernsten Situation spürbar, nachvollziehbar, ja erlebbar. Die Autoren Kathy Speer und Terry Grossmann beschäftigen sich in dieser Folge mit den Schwierigkeiten, in fortgeschrittenem Alter eine Arbeit zu finden. Rose, die Einfältig-Unschuldige im Team, wurde vom »Kummercenter«, einer Hilfs- und Beratungsorganisation, bei der sie jahrelang tätig war, unerwartet entlassen. Das Center war pleite. Die Arbeit hatte Rose viel bedeutet, sie hatte ihr Leben ausgefüllt, der plötzliche Verlust ärgert sie nicht nur, er stimmt sie auch traurig: »Du kannst mir nicht helfen, einen Job zu finden«, sagt sie zu Dorothy, »nichts und niemand kann mich wieder jung machen.« In den einsamen tristen Morgenstunden wachsen ihre Ängste, und Rose formuliert sie so, wie sie von vielen unter uns mitempfunden werden: »Ich habe's versucht, ich habe es euch nur nicht erzählt. Es gab Dutzende von Einstellungsgesprächen. Niemand will mich haben. Aber ich brauche eine Tätigkeit, um etwas mit meinem Leben anfangen zu können. Ich selbst betrachte mich nicht als alt, doch die anderen tun das. Vielleicht bin ich alt. Alt und nutzlos ... und verängstigt.«

Im Mittelpunkt dieser Folge steht eine Rede, in der sich Rose – in einer selten unkomödiantischen Verletzbarkeit – ängstlich und elend zeigt, zutiefst verzweifelt und dennoch entschlossen. Der ganze Aufbau dieser zentralen Passage aber erfolgt in geradezu herzlos-komödiantischer Frivolität.

Speer und Grossmann lassen es gar nicht erst zu, daß der spürbare Ernst der Situation die Oberhand gewinnt, urplötzlich schlagen sie mit scharfem Witz und Spötterspeise jedes aufkommende Mitgefühl in die Flucht. Die verhängnisvolle Neigung unglücklicher Frauen, sich mit leckerer Trostkost durch den Kummer zu futtern, wird mit gnadenloser Komik in einer wüsten Keks- und Kuchenorgie ins Lächerliche gezogen: der behutsame Versuch von Dorothy, sich in romantischer Verklärung an den Mann ihrer Träume zu erinnern, mündet in einer Fülle drastischer Erfahrungsberichte über sexuelle Verhaltensweisen, in denen die vier Freundinnen die Unzulänglichkeit des viel gepriesenen kleinen Unterschieds lustvoll erörtern. »Charly nahe zu sein«, schwärmt Rose, »war immer nett, aber das war fünf Jahre, bevor, ich wußte, was einen wirklich die Augen verdrehen läßt!« Und sie fragt Dorothy: »Hattest du ... ich meine früher ... äh ... hattest du da ...na ja, du weißt schon ...«

Darauf Dorothy: »Wie denn? Ich dachte immer, es wäre schon passiert, bevor ich ins Zimmer kam!«

Besetzung
Dorothy, Rose, Blanche, Sophia, Milton

1. Akt
1. Szene

In der Küche – Am Abend

Blanche und Sophia bereiten in der Küche das Abendessen vor. Während Blanche eine Rohkostplatte anrichtet, singt sie ein Lied:

»Es tanzen die Mücken
im säuselnden Wind,
schlaf, Kentucky-Baby.
Die Nacht fällt hernieder,
der Sandmann kommt wieder,
zu den Kindern, die müde sind,
schlaf, Kentucky-Baby.

Sieh nur, der Mond
schickt seinen Silberschein,
er weiß, wer hier wohnt,
und lädt dich zur Mondfahrt ein.

Schließ deine Augen und träume,
fliege durch nächtliche Räume,
schlaf Kentucky-Baby.
Fliege zum Mond ins Traumparadies,
fliege, fliege und träume süß,
schlaf, Kentucky-Baby«.

»Wir haben keine Peperoni mehr«, ruft Sophia und sucht in gespielter Verzweiflung die Schränke ab. »Ich sterbe vor Hunger, und wir sind ohne Peperoni!«
»Tut mir leid, Sophia, Liebste, möchtest du vielleicht etwas Sellerie mit Hüttenkäse?«
»Ich esse keinen Hüttenkäse. Danach muß ich immer rülpsen!«
In diesem Augenblick kommt Dorothy von der Arbeit nach Hause und betritt die Küche. »Halli hallo, hi, Blanche! Wie geht es dir, liebste Mam«, begrüßt sie ausgelassen die anwesenden Golden Girls und gibt ihrer Mutter einen Kuß.
»Wir haben keine Peperoni mehr«, berichtet Sophia das Wichtigste vom Tage.
»Hast du Dan Rather angerufen?«
Sophia hat für derlei gutgemeinte Ratschläge kein Ohr: »Ich sterbe vor Hunger.«
»Ich hab Hähnchen aufgetaut«, macht Dorothy einen Vorschlag zur Güte. »Wir essen in einer halben Stunde.«
»Ich kann kein Hähnchen essen. Da muß ich rülpsen.« Und um diese Feststellung zu unterstreichen, stößt Sophia vernehmlich auf.
»Was ist los, Ma, du braucht keine Ausrede zu erfinden, wenn du kein Hähnchen willst. Sag einfach: Ich mag kein Hähnchen.«
»Ich mag kein Hähnchen.«
»Gut.« Dorothy ist mit ihrem pädagogischen Erfolg zufrieden.

»Da muß ich immer rülpsen. Ich will Peperoni.« Offensichtlich wartet auf Dorothy noch eine Menge erzieherische Arbeit. Notgedrungen wendet sie sich deshalb an Blanche: »Blanche? Blanche! Möchtest du Brathähnchen?«

»O nein, vielen Dank, ich esse meine Rohkostplatte. Vielleicht hast du's noch nicht bemerkt: Ich habe drei Pfund zugenommen!«

»Ja, auf jeder Seite!« Dorothy kann sehr charmant sein, wenn sie will.

»Früher hatte ich eine Figur wie Scarlett O'Hara. Ihr müßt wissen, das Mädchen hatte eine 46-cm-Taille.«

»Blanche, dieses Mädchen und ihre Taille waren reine Fiktion.«

Bevor sie das Thema weiter vertiefen kann, kommt Rose in die Küche. Sie ist sichtbar am Boden zerstört und setzt sich mit einem Seufzer auf die Küchenbank.

»Es ist schrecklich, einfach schrecklich! Ich bin ganz außer mir!«

»Rose, Liebling«, übernimmt Dorothy das Kommando, »setz dich, Süße, erzähl uns, was passiert ist ... Ma, würdest du Rose ein Glas Wasser holen?«

»Was soll sie denn mit Wasser?« protestiert Sophia, holt aber dennoch ein Glas. »Hast du dich jemals durch Wasser besser gefühlt, wenn du außer dir warst? Hat zu dir schon mal jemand gesagt: Gott sei Dank, das Wasser ist da? Ruf mich, wenn das Essen soweit ist«, und verläßt die Küche.

»Mir ist nichts passiert. Macht euch um mich keine Sorgen. Es geht mir um all die anderen Leute«,

berichtet nun Rose, bringt dadurch aber auch nicht wesentlich mehr Licht in die Angelegenheit.
»Gab es einen Unfall?« fragt Blanche neugierig. »Nein, erzähle es mir lieber nicht. Wenn ich mich aufrege, fange ich an zu essen.«
»Was ist passiert, Rose?« Dorothy will es jetzt wissen.
»Sie haben das Center geschlossen«, erklärt Rose und blickt niedergeschlagen zu Boden.
»Doch nicht euer Beratungscenter?«
»Nein, Blanche«, klärt Rose die Situation auf ihre Weise, »das Kennedy-Raumforschungscenter.« Sie wollte als erste Lutheranerin auf dem Mond landen.
»Oh, Rose ...«, Blanche begreift langsam die Tragweite der Entscheidung, »du hast keinen Job mehr!«
»Darüber darf ich mir jetzt noch gar keine Gedanken machen.«
»Aber natürlich darfst du das«, meldet sich Dorothy mitfühlend. »Liebste, ich unterstütze dich. Essen, Kleidung, Wohnung ...«
»Na, also komm schon, so schlimm ist es ja nun wirklich nicht«, lehnt Rose, die sich wieder etwas gefangen hat, mit fester Stimme das Angebot dankend ab.
»Könnte es aber sein, Rose. Du und ich sitzen im selben Boot. Wenn bei uns ein paar Gehaltszahlungen ausfallen, sitzen wir in der Patsche.«
»Gott sei Dank habe ich in weiser Voraussicht das große Geld geheiratet«, stellt Blanche trocken fest.
»Dumme Liese.« Dorothy gibt Rose einen aufmun-

ternden Klaps auf die Hand. Doch die denkt gar nicht so sehr an ihre eigenen Probleme. »Dorothy«, beginnt sie ernst, »jetzt ist meine größte Sorge, wie all die Menschen, denen wir helfen konnten, aus anderen Quellen Hilfe bekommen. Und dann werde ich schon einen neuen Job finden. Ich bin zuverlässig, freundlich, loyal, fleißig ...«
»Na, toll. Und wenn sie gelernt hat, eine Frisbeescheibe mit den Zähnen aufzufangen, kann sie auch einen Job als Hühnerhund bekommen.«

1. Akt
2. Szene

Lanai – Einige Täge später

Dorothy kommt ins Wohnzimmer. Dort sitzt bereits ein fremder Mann auf der Chaiselongue und blättert in der neuesten Ausgabe der »Newsweek«. Dorothy setzt sich ebenfalls und starrt den Mann an:
»Hallo«, begrüßt sie ihn nach einer Pause.
»Hallo.« Der Fremde läßt sich nicht beim Lesen stören.
»Ich bin Dorothy«, stellt sie sich nach einer erneuten Pause vor.
»Milton«, murmelt der Besucher, ohne aufzublicken.
»Freut mich, Ihre Bekanntschaft zu machen, Milton.«

»Mich auch«, erwidert Milton zerstreut und liest weiter.
»Ich wohne hier«, nimmt Dorothy das etwas einsilbige Gespräch wieder auf.
»Aha.«
»Sie nicht.«
»Ich wohne drüben in Dorado.«
»Ah, so ... hm.«
»Ungefähr zwanzig Minuten zu Fuß. Aber meistens nehm ich den Bus.«
»Warten Sie jetzt auf einen?«
»Nein. Ich übe mich im Umgang mit meinen Emotionen.«
»Dann sagen Sie mir bitte, ob das lange dauern wird. Sie lesen nämlich in meiner ›Newsweek‹.«
»Oh, Verzeihung.«
Roses Eintreffen beendet die angeregte Konversation: »Hi, Dorothy, wie ich sehe, hast du dich mit Milton schon bekannt gemacht.«
»Ja, wir lernen uns gerade kennen«, und flüstert zu Rose: »Laß ihn sausen. Der Kerl ist Treibholz.«
»Was?« Rose schaut verständnislos. Dann dämmert es ihr: »Nein nein, Dorothy, Milton ist vom Center. Sein Partner ist mit seiner Frau und dem ganzen Geschäftsvermögen durchgebrannt.«
»Oh Milton, es tut mir leid. Behalten Sie die ›Newsweek‹.«
Rose nimmt Milton fürsorglich an der Hand und geht mit ihm in die Diele. »So, hier ist die Adresse einer privaten Beratungsstelle, und für alle Fälle steht

unten meine Telefonnummer. Haben Sie keine Hemmungen, mich anzurufen, jederzeit, Tag und Nacht.«
»Tag und Nacht?« echot Dorothy erschreckt, die Rose gefolgt ist.
»Nochmals vielen Dank, Rose«, verabschiedet sich Milton erleichtert.
»Ist doch gern geschehen, Milton. Lassen Sie mich wissen, wie es weitergeht.«
»Das werd ich bestimmt.«
»Und keine Tränen mehr.« Als Milton endlich die Wohnung verlassen hat, atmet Rose tief durch: »Na, der fällt einem vielleicht auf den Wecker«, ruft sie, »aber das ist nun mal ein Teil meiner Arbeit.«
»Du hast keine Arbeit mehr, schon vergessen?«
»Hab ich durchaus nicht vergessen, Dorothy. Ich war nur zu beschäftigt, mir welche zu suchen.«
»Du hast dich noch nicht mal nach einem Job umgesehen?« Dorothy sieht ihre Freundin ungläubig an.
»Nur keine Sorge. Für Leute, die vor harter Arbeit keine Angst haben, ergibt sich überall eine Möglichkeit. Das pflegte mein Vater immer zu sagen.«
»Der sprach vom Kühe melken in Minnesota.«
Sophia kommt mit einem Stapel Notizblätter herein, den sie Rose überreicht: »Hier, die neuesten telefonischen Nachrichten.«
»Oh, danke sehr.«
»Wenn du morgen weggehen mußt, laß bitte diese Heulsusen nicht ausgerechnet dann anrufen, wenn ›Die Jungen und Rastlosen‹ läuft.«

Rose blättert interessiert in den Zetteln. »Mister Wyner ist niedergeschlagen«, liest sie halblaut vor, »Mrs. Gibson verzweifelt, Mrs. Duvalier hat man weggebracht. Warum, warum bloß kann das Leid nicht auch mal Urlaub machen?«
»Oh, das macht es doch«, stellt Dorothy im Brustton der Überzeugung fest. »Das macht es durchaus. Und schließlich landet es in Miami, wie alle andern auch. Mein Gott, ich kann es kaum fassen: Barry Glick ist in der Stadt! Ach, seit der Highschool hab ich ihn nicht mehr gesehen. Barry Glick! Ma, Ma, sieh doch mal, Barry Glick. O Mann, war ich heiß auf den. Er will mich nächste Woche treffen.«
»Gehst du etwa hin?«
»Ob ich hingehe?« Dorothy versteht die Welt nicht mehr. »Wenn er sich innerhalb von fünfzig Pfund in der Gewichtsklasse bewegt, die er mal hatte, heirate ich ihn. Oh, Barry Glick!«
Rose, die sich wieder mit den Notizzetteln beschäftigt, hat nun auch eine positive Nachricht gefunden: »Ach, Mrs. Montes hat ihre Katze wiedergefunden. Ich wette, die ist jetzt auch sehr glücklich.«
»Wohl nicht ganz«, muß Sophia sie enttäuschen, »sie fand sie unter einem Jeep.«

1. Akt
3. Szene

Flur – Eine Woche später, nachts

Eine Woche ist vergangen. Es ist bereits nach Mitternacht, als Dorothy leise über den dunklen Flur der Wohnung geht, vor Roses Schlafzimmertür stehenbleibt und vorsichtig anklopft.
»Rose? ... Rose?« Aber Rose antwortet nicht, Rose schläft. Dorothy tritt ein und knipst das Licht an. »Rose, wach endlich auf. Da ist ein Anruf für dich.«
»Ist es Zeit, die Kühe zu melken, Daddy?« Rose ist noch halb in ihrem Traum.
»Nein, Kätzchen, ein Telefongespräch für dich.«
»Was hast du gesagt, Dorothy?« Rose nimmt sich die Wattepfropfen aus den Ohren.
»Da ist ein Anruf für dich. Es ist dein Freund Milton.«
»Oh, Milton«, Rose schaut benommen auf die Uhr. »Ich kann mir nicht vorstellen, daß er um diese Zeit anruft.«
»Du hast ihm doch gesagt, er kann Tag und Nacht anrufen.«
»Das habe ich doch nicht ernst gemeint. Das ist so eine Redensart wie ›Lache und alle Welt lacht mit‹. Aber die ganze Welt lacht doch nicht wirklich.«
»Nur deshalb, weil hier manche mitten in der Nacht anrufen. Gute Nacht, Rose.«
Als Dorothy sich auf den Rückweg ins Schlafzimmer macht, steht Blanche in ihrer Tür. »Ich hasse Anrufe

mitten in der Nacht«, nörgelt sie mißmutig. »Jetzt kann ich bestimmt nicht mehr einschlafen.« Mit einem Schulterzucken wendet sie sich zum Wohnzimmer. »Ich bin so nervös, wie die Jungfrau beim Gefangenen-Rodeo.«

»Das ist allerdings ziemlich nervös«, stellt Dorothy, die ihr gefolgt ist, mitleidlos fest. »Hat dich der Anruf nicht verängstigt?«

Dorothy macht Licht. »Na, aber sicher doch. Das ist so ein Anlaß, bei dem ich einen Mann im Haus vermisse. Männer sind spitze im Beantworten von mitternächtlichen Anrufen.«

»Das ist nicht alles, worin sie spitze sind«, lächelt Blanche versonnen.

Niemand hat Sophia bemerkt, die im dunklen Zimmer gesessen hat und sich nun aus dem Sessel zu Wort meldet: »Und wenn sie wirklich spitze sind, hörst du nicht mal das Telefon.«

Die unerwartete Einmischung hat Dorothy einen kleinen Schrecken eingejagt. »Ma! Warum sitzt du denn hier im Dunkeln?« Sie knipst eine Lampe an.

»Warum nicht? Ich hab das Wohnzimmer schon früher mal gesehen.«

»Ich muß mich ausschlafen«, will sich Dorothy verabschieden, »morgen treffe ich Barry Glick zum ersten Mal seit fünfunddreißig Jahren. Wenn ich nicht mindestens sechs Stunden schlafe, sehe ich aus wie Adele Sandrock.«

»Weil du gerade davon sprichst ...«

»Halt die Klappe, Blanche.«

»Ja, schon gut. Du hast recht. Es ist schrecklich, wenn ich mitten in der Nacht aufstehe, fange ich an zu essen.«
»Wißt ihr was«, will Dorothy dem Gespräch wieder eine ernsthaftere Wendung geben, »eigentlich sind wir ziemlich egoistisch. Roses Problem ist wirklich wichtiger als meine Verabredung.«
»Oder, daß ich zwei Pfund abnehmen muß«, gibt ihr Blanche recht.
»Drei Pfund«, versetzt Sophia boshaft.
»Sie muß die Realität erkennen«, sekundiert ihre Tochter.
»Tu ich doch«, Blanche ist beleidigt. »Ein Pfund hab ich schon runter.«
»Ja, im Traum.«
»Aber ich rede von Rose!« beharrt Dorothy. »Sie muß einen Job finden. Sie ist schon über eine Woche arbeitslos.«
Rose hat mittlerweile ihr Telefonat hinter sich gebracht und gesellt sich zu den übrigen Mitgliedern der Wohngemeinschaft. »Tut mir schrecklich leid, Girls. Es soll nicht wieder vorkommen. Also ab ins Bett, wir können wieder schlafen gehen.«
Sie will zur Tür gehen, doch Dorothy hält sie zurück: »Nein nein, wartet. Rose, setz dich hin. Los, rutsch mal, na mach schon. Und jetzt hör zu. Wir haben was mit dir zu besprechen. Wir machen uns Sorgen um dich. Vielleicht geht es uns gar nichts an, aber diese ganze Zeit, die du mit diesen ausgeflippten Heulsusen vom Center verplemperst, solltest du lieber dafür aufwenden, einen Job zu suchen.«

»Aber diese Heulsusen brauchen mich.«
So viel Altruismus stößt bei Blanche nicht auf das geringste Verständnis. »Rose, Liebling, du hast deine eigenen Probleme.«
»Du bis fünfundfünfzig, arbeitslos, dein Mann ist tot, und du hast keinerlei Ausbildung«, erklärt Dorothy in schonungsloser Offenheit.
»Mal ganz ehrlich, Rose, du bist nicht gerade Mary Lou Retton. Wir wissen, daß es nicht einfach ist, aber du mußt raus und es versuchen.«
»Ich hab's versucht«, berichtet Rose niedergeschlagen. »Ich habe es euch nur nicht erzählt. Ich hatte Dutzende von Einstellungsgesprächen, seit das Center dichtgemacht hat. Niemand will mich haben. Aber ich brauche eine Tätigkeit, um etwas mit meinem Leben anfangen zu können. Ich betrachte mich nicht als alt, aber alle anderen tun das. Vielleicht bin ich alt. Alt und nutzlos ... und verängstigt.« Mit einem tiefen Seufzer verläßt sie das Wohnzimmer. Dorothy und Blanche wechseln bedeutungsvolle Blicke.

2. AKT
1. Szene

Roses Schlafzimmer

Das Gespräch hat Dorothy und Blanche keine Ruhe gelassen. Kurz darauf klopfen sie an Roses Schlafzimmertür und treten ein.
»Ach Rose, Liebes, warum hast du uns nicht erzählt, was los ist?«
»Weil ihr mir nicht helfen könnt, einen Job zu finden. Weil niemand und gar nichts mich wieder jung machen kann.«
»Na gut, Rose«, versucht Dorothy zu trösten, »dein Leben ist also nicht mehr so, wie es war. Die Bedingungen haben sich verändert. Aber das geschah doch schon öfter, oder nicht? Ich meine, was hast du gemacht, als Charlie gestorben ist?«
»Ich habe ihn beerdigt.«
»Ja, natürlich«, Dorothy fühlt, daß sie nicht locker lassen darf. »Aber was hast du am darauffolgenden Tag gemacht, als du dein Leben wieder in die Reihe bringen mußtest?«
»Das konnte ich gar nicht. Ich war zweiunddreißig Jahre lang Hausfrau. Ich war total abhängig von Charlie.«
»Ja, aber der springende Punkt ist doch, daß du schließlich das getan hast, was du tun mußtest. Du hast dich selbst versorgt. Und jetzt, Liebste, bist du in genau der gleichen Lage.«

»Nicht ganz«, erwidert Rose bitter. »Ich bin fünf Jahre älter. Und niemand will mich um sich haben.«
»Aber nicht doch«, schaltet sich Blanche ein, »natürlich wollen wir dich um uns haben. Wir können es uns nur nicht leisten, dich zu bezahlen.«
»Sieh mal Rose«, erklärt Dorothy in sachlichem Ton, »sieh mich mal an. Und hör mir zu. Du bemitleidest dich selbst. Sicher, du bist fünf Jahre älter, aber das bin ich auch. Und Blanche auch. Du hast jetzt ein paar Falten mehr, aber die habe ich und die hat auch Blanche. Ganz klar, du bist um die Mitte etwas dicker geworden. Blanche auch. Und jetzt hör mal, wir stehen nicht einfach daneben und sehen zu, wie du aufgibst. Wir werden erstmal herausfinden, was du bei deinen Anstellungsgesprächen falsch machst. Dann bringen wir das auf die Reihe und versuchen, dir noch ein paar Vorstellungstermine zu verschaffen.«
»Termine sind der leichtere Teil«, Rose weiß, wovon sie redet. »Für morgen habe ich schon einen. Und für den Job könnte ich jemanden umbringen. Krankenhausverwalterin! Die nehmen mich nie, ich bin nicht qualifiziert, ich bin zu alt.«
»Wann ist der Termin?« will Dorothy unternehmungslustig wissen.
»Halb neun.«
»Zeig mir deine Bewerbung.«
Rose nimmt sie, etwas verlegen, aus der Aktentasche und reicht sie Dorothy.
»Na dann, laß mal sehen. Schauen wir mal... Beste im Haushalt am Rockport Community College... Sechs

Monate St. Paul's Handelsschule... Zweiunddreißig Jahre Ehefrau... Entlassen aus einem Job beim Beratungscenter... Hobbies: Käsezubereitung, Briefmarken sammeln und Geschichte der Wikinger. Rose, das stinkt!«

»Aber es ist die Wahrheit«, protestiert Rose niedergeschlagen.

»Liebste, die Wahrheit ist manchmal etwas krumm und muß gerade gebogen werden. Warte mal, doch ja, das wird gehen... Jetzt sehen wir mal.« Und Dorothy beginnt, mit dem Bleistift die Bewerbungsunterlagen zu korrigieren. Verschmitzt lächelnd liest sie den beiden das Resultat vor: »Abschluß als Klassenbeste... Intensive Fortbildung durch weiterführendes Studium... Zweiunddreißig Jahre beim gleichen Arbeitgeber bis zu seinem Umzug nach Miami... Zur Zeit auf Suche nach einer Stellung im privaten Sektor ... Voilà! Das ist die Bewerbung einer potentiellen Krankenhausverwalterin.«

»Tja, also ich weiß nicht, ob ich das hinkriege.« Rose schaut verblüfft, »aber ich kann's gerne versuchen.«

»Na gut! Jetzt können wir wieder schlafen gehen.«

»Ich kann jetzt nicht einschlafen«, klagt Blanche.

»Was? Immer noch beim Rodeo, Blanche?«

»Ich kann auch nicht schlafen«, schließt sich Rose an.

»Ich mach uns ein Glas warme Milch.«

Gesagt, getan, die drei Damen treffen sich im Wohnzimmer wieder. »Wenn ich sie getrunken habe, gehe ich gleich schlafen«, verspricht Rose.

»Ich könnte mir etwas anderes vorstellen, wonach ich gleich einschlafe, hm, Dorothy?« kommt Blanche auf ihr Lieblingsthema zu sprechen.
»Kinder, wir können nicht bloß Milch trinken«, fällt Rose plötzlich ein.
»Das ist widerlich. Wenn wir Milch trinken, müssen wir dazu ein paar Kekse essen.«
Für einen Augenblick stehen alle mucksmäuschenstill, dann stürmen sie auf die Kekse los.
»Zum Teufel«, ruft Blanche fröhlich, »wenn ich schon Kekse esse, dann esse ich auch Käsekuchen!«
»Wenn welcher da ist.«
»Schokoladenkäsekuchen.«
»Du hast Schokoladenkäsekuchen gekauft«, fragt Dorothy erstaunt. »Nur für den Notfall.«
»Was für ein Notfall. Ein Atomkrieg?«
»Eine Depression«, klärt Blanche auf.
Inzwischen macht sich Rose am Kühlschrank zu schaffen. Sie schiebt die Lebensmittel hin und her und dreht sich plötzlich überrascht um. »Ihr erratet nie, was ich gefunden habe!«
»007?«
»Peperoni.«
»Wow!«
»Laß das bloß Ma nicht hören«, warnt Dorothy.
»Das wäre ein netter kleiner Appetitanreger.« Rose hat nach und nach den Tisch vollgepackt und erntet dafür von Blanche begeisterte Zustimmung: »Ist doch bestens. Die ganzen Lebensmittel wären sonst verdorben.«

Die Girls beginnen, mit Appetit zu essen. »Ich bin froh, daß meine Verabredung mit Barry schon morgen ist«, gesteht Dorothy etwas unverständlich. »Bis dahin wird das Fett nicht zu sehen sein, was ich mir gerade anfresse.«
»Wirklich nicht?«
»Nein, das braucht immer ein paar Tage, bis es zum Vorschein kommt.«
»Und wohin verschwindet es in der Zwischenzeit?« Rose klingt, als erwarte sie eine wissenschaftliche Erklärung des Phänomens.
»Nach Connecticut. Wie soll ich wissen, wohin es sich verzieht?«
»Sowie ich mir etwas in den Mund stecke, gehe ich auf wie ein Ballon«, steuert Blanche ihre persönliche Erfahrung bei. »Wenn ich abends zum Essen gehe, schnüren mir meine Hosen, noch während ich kaue, den Kreislauf ab, und zwar so, daß meine Füße blau anlaufen.«
»Für Barry will ich ganz einfach anmutig sein«, erklärt Dorothy schwärmerisch.
»Barry Glick ist dir wohl sehr wichtig.«
»Ach, Barry war der Mann, von dem ich wollte, er wäre der erste gewesen.«
»Erster, wo?« fragt Rose mit treuherzigem Augenaufschlag.
»Auf dem Mars, Rose. Mein erster Liebhaber.«
»Na, und was ist passiert?« Es ist das Thema, das stets Blanches Neugier weckt.
»Stanley«, berichtet Dorothy sachlich. »Er ist mir passiert. Stanley. Ich fuhr mit ihm in einen Drive-In.

Er sagte, sie würden morgen nach Korea eingeschifft werden und daß er vielleicht fallen müßte, und es würde ihm so viel bedeuten. Das war mein Teil am Kriegsdienst fürs Vaterland. Es dauerte ganze drei Sekunden. Ich war mir nicht sicher, daß wir es überhaupt getan hatten, bis ich neun Monate später das Baby bekam. Da dachte ich mir, daß doch etwas passiert sein mußte. Aber das war auch mein einziger Beweis.«
Roses Eröffnung: »Ich habe bis zu meiner Hochzeitsnacht gewartet«, entlockt Blanche ein ungläubiges: »Nein!«
»Doch.« Rose klingt fast ein bißchen stolz.
»Und?« will Dorothy wissen.
»Äh ... Es war eine Überraschung.«
»Wie denn das? Ist ein anderer Mann reingekommen?« vermutet Blanche unromantisch.
»Ich wollte sagen, ich hatte vorher noch nie einen Mann gesehen.«
»Einen Mann?«
»Na ja, eben einen Mann!«
»Nein.« Blanche ist platt, man sieht es ihr an.
»Doch.«
»Was war mit deinem Vater?« will Dorothy wissen.
»Hast du nie deinen Vater so gesehen?«
»Meinen Vater?« Rose kann nicht verhindern, daß sich eine verlegene Röte auf ihren Wangen ausbreitet. Sie kommt ins Stottern. »O nein! Mein Vater! Ja um Gottes willen, nein. O ich wäre einfach, na ja... oh... mein...«
»Ruhig, ruhig, ganz ruhig Rose. Komm wieder zu dir.«

»Also gut.«
»Das einzige, was ich je gesehen hatte, waren die Tiere auf unserer Farm. Ihr wißt schon, die Bullen, die Hengste...«
»Ziemlich schwer nachzuvollziehen«, Blanche wirft einen zweifelnden Blick in die Runde.
»Ehrlich gesagt, war ich in dieser ersten Nacht ziemlich... na ja, erschrocken, glaub ich. Aber Charlie war sehr geduldig. Es war auch ganz reizend, als ich begriffen hatte, daß wir es tun mußten und daß es nicht nur ein riesen Joke war, versteht ihr? Ich meine, habt ihr am Anfang nicht auch gedacht, das Ganze wäre etwas völlig Unsinniges?«
Dorothy unterdrückt einen Lachanfall mit einem etwas künstlichen Hüsteln.
»Nein«, widerspricht Blanche, »allerdings habe ich auch nicht gewartet bis zu meiner Hochzeitsnacht, Liebes. Das konnte ich einfach nicht. Weißt du, wir im Süden werden schneller erwachsen. Ich glaube, das liegt an der Hitze.«
»Ich glaube, es ist der Gin«, hält Dorothy dagegen.
»Wie auch immer. Mein erster war Billy. Ach, ich erinnere mich noch, als wäre es gestern gewesen. Diese Nacht unter den Blutbuchen, die Luft voller Düfte, und ich mit Billy... oder Bobby? Ja, es war Bobby... oder war es Ben? Ach, wer weiß. Jedenfalls, der Name fing mit einem B an.«
»Bei diesem ersten Mal, hattest du da...«, Rose traut sich nicht recht, die naheliegende Frage auszusprechen.

»Meinst du das im Ernst? Na und ob, mehrmals. Viele viele Male.«
»Tatsächlich?« Rose schaut ihre Freundin beeindruckt an.
»Du etwa nicht?« gibt Blanche die naheliegende Frage zurück.
»Nein.« Ein Bedauern in Roses Stimme ist nicht zu überhören. »Oh, es war nett. Es war immer nett, Charlie nahe zu sein, aber es hat fünf Jahre gedauert, bevor ich wußte, was dich wirklich die Augen im Kopf verdrehen läßt. Dorothy, hattest du ... ich meine früher ... äh ... hattest du da ... na ja, du weißt schon ...«
»Wie denn? Ich dachte immer, es wäre schon passiert, bevor ich ins Zimmer kam.«
»Jetzt seht doch bloß, was wir alles gegessen haben«, Rose wünscht sich offensichtlich ein neues Thema.
»Ach, und ich kann nicht mit vollem Magen schlafen«, beschwert sich Blanche.
»Wißt ihr eigentlich, wie spät es ist? Wollt ihr Kaffee?« bietet Dorothy an.
»Aber ja doch«, akzeptiert Rose, »wie wär's mit Gebäck? Es ist schon fast Zeit zum Frühstücken.«
»Hey, wollt ihr Eier?« erkundigt sich Blanche unternehmungslustig.
»Haben wir Schinkenspeck?« Dorothy will die Freßorgie offensichtlich fortsetzen.
»Ja.«
»Mach mir zwei Rühreier«, bittet Dorothy.
»Rühr mir ein paar mehr!« Das ist natürlich Blanche.

2. Akt
2. Szene

Wohnzimmer

Blanche und Milton sitzen flüsternd und lachend beisammen.
»Du bist eine wunderbare Frau, Blanche«, schmeichelt Milton honigsüß. »Nichts gegen Rose, aber ich bin froh, daß sie nicht da war, als ich heute vorbeikam.«
»Wie süß, daß du das sagst, Milton. Es muß ja einen Grund geben, daß ich öfter eine Verabredung habe als sie.«
»Und, was ich über deine Diät gesagt habe, das hab ich genau so gemeint. Männer unserer Generation lieben etwas Fleisch an unseren Frauen. Vielleicht möchtest du noch ein paar Pfund loswerden, aber ich liebe jedes Gramm an dir.« Er knufft sie zärtlich und steht auf.
»O Milton«, himmelt Blanche ihn mit romantischem Augenaufschlag an.
»Wir sehen uns dann heute abend um sieben.«
»Ja, bis um sieben.« Als Milton den Raum verläßt, kommt Sophia gerade ins Wohnzimmer. Mit einem Stirnrunzeln wendet sie sich an Blanche: »Ich dachte, der gehört zu der anderen.«
»Ach, ich bin sicher, Rose macht das kein bißchen was aus«, meint Blanche nonchalant und wischt die Bedenken ihrer Freundin mit einer Handbewegung beiseite.

»Er ist ein Mann. Das ist nicht so, als ob man sich einen Joghurt teilt«, kann Sophia gerade noch warnen, bevor Dorothy ins Zimmer kommt: »Hallo-hallo-hallo, hi, Ma! Hat Barry angerufen?«

»Nicht, daß ich wüßte.«

»Ach, wir wollen heute abend ausgehen.«

»Na, das klingt ja so, als wäre das Mittagessen gut verlaufen«, bemerkt Blanche mit sündigem Unterton.

»Ja, wir hatten viel Spaß. Weißt du, Barry ist genau so, wie ich ihn in Erinnerung hatte.«

»Na, sag bloß.« Blanche wirft ihr einen zweifelnden Blick zu. »Fünfunddreißig Jahre später müßte er doch für ein paar Überraschungen gut sein.«

»Na ja, für ein paar schon«, gibt Dorothy zu. »Weißt du, sein Haar ist etwas dünner geworden... und er hat auch etwas angesetzt.«

»Und ist er immer noch der Liebhaber deiner Phantasie, oder wird aus der Phantasie jetzt Wirklichkeit?«

»Das glaube ich weniger. Barry Glick ist... na ja... ist schwul.«

»Ich wußte, daß er schwul war«, stellt Sophia ohne Überraschung fest. »Ich wußte es, als ich sah, wie er Buster Crabbe anhimmelte.« Mit einem Schulterzukken verläßt sie den Raum.

Mitfühlend wendet sich jetzt Blanche Dorothy zu: »O Liebes, bist du nicht total niedergeschmettert?«

»Na, was zum Teufel soll ich machen? Und wenn ich ihn nicht haben kann, weiß ich immerhin, daß keine andere Frau ihn kriegt.«

In diesem Moment kommt Rose von der Stellensuche nach Hause. »Hi, Girls«, begrüßt sie die beiden aufgekratzt.
»Können wir aus deinem fröhlichen Auftritt schließen, daß wir mit der neuen Krankenhausverwalterin sprechen«, will Dorothy wissen.
»Weit gefehlt«, erwidert Rose, immer noch blendend gelaunt.
»Was hast du gemacht? Anti-Depressiva geschluckt?« Blanche findet Roses Hochstimmung nach dieser offensichtlichen Niederlage höchst verdächtig.
»Ach, sei nicht albern. Ich war tatsächlich deprimiert. Unglaublich deprimiert. Ich wußte nicht mehr, an wen ich mich wenden oder wohin ich gehen sollte. Darum habe ich erstmal in einem Café am Fountain Rock haltgemacht und eine Kräuterlimo getrunken, damit ich mich besser fühle. Die haben 'ne tolle Kräuterlimo mit Sahne und diesem altmodischen Kräutersirup...«
»Jetzt komm schon wieder runter von deiner Limo und erzähl uns was los ist«, verlangt Dorothy ungeduldig.
»Na ja, nachdem ich das getrunken hatte, wurde ich wieder ziemlich traurig. Aber dann sah ich die Antwort auf meine Fragen direkt vor mir stehen.«
»Was?«
»Ein Schild ›Aushilfe gesucht‹.«
Eine unangenehme Vorahnung befällt Dorothy. »Und?«
»Ich bin Kellnerin im Fountain Rock Café«, erklärt Rose stolz. »Zwölf Stunden täglich, vier Tage in der

Woche, Minimumgehalt und Trinkgeld und sechzig Prozent Angestelltenrabatt auf alles Gebäck vom Vortag.«

»In einem Café?«

»Gebäck von gestern?« Blanche ist, um es gelinde auszudrücken, etwas irritiert. »Zwölf Stunden willst du in einem dampfgefüllten Hackfleischbums einem Haufen schmieriger Lastwagenfahrer Chili servieren!«

»Na komm schon, Blanche. Sie arbeitet im Fountain Rock. Das ist nicht gerade Mel's Diner, aber da wird sie höchstens mal von einem rosa Ring gekratzt.«

»Zwölf Stunden auf den Füßen, von einem Tisch zum andern, Liebste, das ist eine grobe, gräßliche, grauenvolle Arbeit.« Blanche kann sich gar nicht beruhigen.

»Aber es ist Arbeit«, stellt Rose klar. »Und es vertreibt mein Selbstmitleid total. Es wird viel schöner sein, vor Müdigkeit einzuschlafen als vom Wein.«

Das überzeugt auch Dorothy. »Ja natürlich, damit hast du recht. Ach Rose, Liebling, ich freue mich für dich.«

»Zum Kuckuck, ja, wenn du glücklich bist, bin ich es auch«, stimmt nach einigem Zögern auch Blanche zu.

»Ich danke euch, daß ihr mir da durchgeholfen habt.«

Da erinnert sich Blanche mit dem Anflug eines Schuldgefühls an das Rendezvous vom Morgen: »Liebes, ich wollte dich noch was über Milton fragen, den vom Center.«

»Ja?«

»Na ja, also ist das eine rein berufliche Beziehung?«

»Ja, absolut«, erklärt Rose liebenswürdig. »Zwischen mir und Milton könnte überhaupt nichts sein. Der hat doch den Tick, daß er nur auf fette Frauen steht!«

Und während Rose und Dorothy plaudernd aus dem Zimmer gehen, bleibt Blanche verblüfft zurück.

Transplantation

Die unentwegt flirtende Blanche (Rue McClanahan), die ihren jahrzehntelang erfolgreichen Charme nicht auf Sparflamme kocht, scheint ihr Vergnügen daran zu haben, mit ausladendem Busen und aufreizenden Gebärden daran zu erinnern, daß Midlife-Gelüste eine erstrebenswerte Alternative darstellen zum stumpfsinnigen Fast-Food-Dasein vor dem Fernseher.

Diesmal allerdings läßt Blanche Sex und Frivolität außen vor und konzentriert sich ganz auf die Haßliebe zu ihrer Schwester Virginia, die hier in den Mittelpunkt einer aggressiven Rivalität unter Verwandten gerückt wird.

Und die liebe Blanche, die förmlich durchdreht bei dem Gedanken an Virginias Ankunft, malt in unverhohlener Boshaftigkeit ein Charakterbild vom lieben Schwesterlein: »Sie war geradezu anbetungswürdig, herrlich, brillant! Sechzehn Jahre lang saß sie auf dem Schoß meines Vaters. Oh, wie hab ich sie gehaßt. Weißt du, was sie getan hat? Sie hat sich selbst in den Arm gebissen und ist dann weinend zu Daddy gelaufen, um ihm zu sagen, ich wär's gewesen. Und er bestrafte mich auch noch. Ach, sie hat mir immer Ärger gemacht. Und mich nannte Daddy das schlechte Samenkorn.«

Dann folgt noch ein gestrichenes Maß an vernichtendem Sarkasmus betreffend Übergewicht, welkender Haut und einer unmöglichen Heirat mit einem ehemaligen Freund von Blanche. Als dann Virginia kommt, stellt sie die Erwartungshaltung der Zuschauer auf den Kopf. Sie überrascht durch Anstand und Wärme und das schockierende Geständnis, daß sie bald sterben muß, wenn sich nicht ein Spender einer Niere für sie findet.

Diese beiden gegenläufigen Themen – Familienzwist und Todesnähe – werden in freier, ungehemmter und völlig unsentimentaler Weise miteinander verschweißt. Schmalz und klebrige Süße, Zutaten, die in den meisten TV-Komödien unentbehrlich scheinen, fehlen hier völlig. Virginias Problem wird gewissermaßen aus dem Stegreif serviert und auf den Punkt gebracht.

Um den Zuschauer in aller Deutlichkeit an diese harten Themen heranzuführen, ohne den Boden der Komödie zu verlassen, werden auch die schmerzlichsten Dialoge mit surrealistischen Betrachtungen über Vasektomien, Verfütterung von Nieren an Katzen und Nierenspende für Hunde etc. freudvoll aufgefüllt. Den kontrastreichen Bogen zwischen Geburt und Tod spannt die Autorin dieser Serie, Susan Harris, zusätzlich durch das Baby eines Freundes, das auf Zeit den vier Damen zur Pflege überlassen wird. Die todkranke Virginia auf dem Siechbett und der strampelnde Säugling in der frischen Windel ist die ironische Wiege-Waage zwischen Lust und Last. Lachen und Weinen liegen hier besonders dicht beieinander und zeigen sich – der wahren Komödie würdig – als angenehme Bettgenossen.

Besetzung
Dorothy, Rose, Blanche, Sophia, Virginia

1. Akt
1. Szene

Wohnzimmer

Wie immer, wenn sich bei den Golden Girls Besuch angesagt hat, verlaufen die Vorbereitungen in einem aufgeregten Durcheinander. Blanche, die ihre Schwester erwartet, ist heute besonders nervös: »Ach, welch ein Chaos! Das Haus ist einfach chaotisch. Rose, was soll ich bloß machen? Sie kann jede Minute eintreffen. Und hier ist der reinste Schweinestall.«
»Blanche, es sieht alles bestens aus, glaube mir«, beruhigt Rose und will sich setzen.
Doch Blanche ist nicht zu beruhigen. »Nicht hinsetzen. Ich habe gerade gesaugt. Wisch den Tisch ab.«
»Hab' ich doch eben gemacht.«
»Na dann mach's noch mal. Mein Gott, ich wünschte, sie würde nicht kommen. Ich hasse sie!«
»Ich kann mir nicht vorstellen, daß du deine Schwester wirklich haßt.«
»Ich verachte sie. Ach, ich wünschte, ich wäre Innenarchitektin geworden. Nancy Reagans Innenarchitektin. Das würde meine Schwester glatt umbringen.«
»Sie ist deine Schwester«, gibt Rose zu bedenken. »Wie kannst du nur deine Schwester hassen?« Dabei

staubt sie, um Blanche zu besänftigen, überflüssigerweise einen blitzsauberen Stuhl ab.
»Sie hat mich und meine große Schwester Charmain Zeit unseres Lebens unglücklich gemacht.«
»So etwas hab ich noch nie gehört«, erwidert Rose zweifelnd und wirft Blanche einen ungläubigen Blick zu.
»Du hast noch nie von jemandem gehört, der seine Schwester haßt?«
»Noch nie. Aber vielleicht ist das im Süden so.«
»Mit deinen Brüdern zu schlafen, das ist im Süden so. Wisch weiter Staub, Rose, wisch Staub! Uns bleibt nicht mehr viel Zeit.«
Mittlerweile hat sich Sophia im Wohnzimmer eingefunden und macht sich ein Bild vom Stand der Aufräumungsarbeiten.
»Sophia«, bittet Rose um Unterstützung, »wenn du deine Schwester hassen würdest, was würdest du tun? Das Haus saubermachen?«
»Ich würde ihr Vaseline auf die Spitzen ihres Laufgestells schmieren«, kommentiert Sophia trocken und wendet sich den nächsten Neuankömmlingen zu, Dorothy, die mit einem Baby unter dem Arm das Wohnzimmer betreten hat: »Seht doch mal her, was ich hier habe.«
»Wo hast du denn das gefunden?« Roses Begeisterung hält sich hörbar in Grenzen.
»Nicht hinsetzen. Nicht hinsetzen!« ruft Blanche am Rande der Hysterie.
»Na, wie heißt du denn?« fragt Rose das Baby aus.

»Danny«, antwortet Dorothy für den Kleinen.
»Dorothy, was in aller Welt ist das?« Jetzt hat auch Blanche von dem Baby Notiz genommen.
»Eine Wühlmaus, Blanche. Was meinst du denn, was das ist?«
»Was macht das Baby hier?«
»Das ist der Sohn von Lucy und Ted. Ted hatte beim Skifahren einen leichten Unfall. Lucy bringt ihn ins Krankenhaus.«
»Wir können in diesem Haus kein Baby brauchen«, entscheidet Blanche resolut. »Meine Schwester besucht mich.«
»Frißt sie etwa Babys?«
»Dorothy, ich habe das Haus von oben bis unten saubergemacht. Ich habe mich zwei Tage lang fast umgebracht. Du weißt doch, Babys machen Dreck.«
»Sie machen in die Windeln«, stellt Dorothy klar. »Und wenn wir die nicht als Sets beim Essen verwenden, wird deine Schwester nichts davon mitbekommen.«
»O Gott.« Blanche blickt verzweifelt zur Decke, als erwarte sie vom Himmel Beistand gegen Dorothys Uneinsichtigkeit.
Rose beschäftigt sich derweil mit Danny: »Utschi butschi buh... Utschi butschi buh... Utschi buh!«
»Endlich einmal jemand, mit dem sie reden kann«, freut sich Sophia für ihre Freundin.
»Ich hoffe nur«, stimmt Blanche die alte Leier wieder an, »es macht keinen Terror, wenn meine Schwester da ist.«

»Ich denke, du haßt deine Schwester.«
»Tu ich auch.«
Dorothy ist an der Lösung dieses offensichtlichen Widerspruchs anscheinend jedoch nicht interessiert. »Ich bring den Kleinen jetzt zu Bett. Ma, den Schnuller bitte.« Gemeinsam mit Baby und Mutter verläßt sie das Zimmer.
»Ich würde wirklich gerne wissen«, nimmt Rose neugierig das unterbrochene Gespräch wieder auf, »warum du deine Schwester haßt.«
»Weil ich einfach aufgehört habe zu existieren, als sie geboren wurde. Ich habe weder Mutter noch Vater jemals wiedergesehen.«
»Wo sind die denn hin?«
»Sie haben mich gar nicht mehr wahrgenommen, Rose«, erinnert sich Blanche, und ihre Empörung ist unüberhörbar. »Virginia war ihr ein und alles. Sie war geradezu anbetungswürdig, herrlich, brillant. Sechzehn Jahre lang saß sie auf dem Schoß meines Vaters. Oh, wie hab ich sie gehaßt. Weiß du, was sie getan hat? Sie hat sich selbst in den Arm gebissen und ist dann weinend zu Daddy gelaufen, um ihm zu sagen, ich wär's gewesen. Und er bestrafte mich auch noch. Ach, sie hat mir die ganze Zeit nur Ärger gemacht. Und mich nannte Daddy das schlechte Samenkorn. Einmal hat sie mich sogar mit Strom fast hingerichtet, wie auf dem elektrischen Stuhl.«
»O nein!« ruft Rose erschrocken aus.
»O ja! An Heilig Abend haben wir zusammen gespielt. Sie rüttelte am Baum und der Stern fiel runter

und zerbrach. Virginia sagte, ich solle ihn aufheben und an meinen Finger hängen. Das hab ich gemacht. Da hat sie den Strom eingeschaltet und bumm! Meine Augen quollen mir aus den Höhlen, mein Haar stellte sich kerzengerade auf, und ich vollführte einen wahren Veitstanz quer durchs Zimmer. Ich bin sicher, mein Herz hat mindestens eine Minute lang ausgesetzt. Und dann rannte das falsche Biest zu Daddy und erzählte ihm, ich hätte den Stern kaputt gemacht und sie dabei fast umgebracht. Daddy schickte mich aufs Zimmer, wo ich den ganzen Heilig Abend verbringen mußte, und er sagte, das Jesuskind sei böse auf mich, weil ich ihm seinen Geburtstag verdorben hätte.«

»Oh, Blanche, das ist ja schrecklich«, Rose legt mitfühlend den Arm um Blanche.

»Das war nicht einmal das Schlimmste. Dieser verdammte elektrische Schlag hat mein Haar kerzengerade gemacht! Vorher hatte ich Locken.« Und mit dieser schaurigen Enthüllung wendet sich Blanche wieder entschlossen der Hausarbeit zu.

1. Akt
2. Szene

Blanches Schlafzimmer

Virginia ist eingetroffen, und nach Begrüßung und Abendessen in großer Runde ziehen sich Blanche und ihre Schwester zurück.
»Es war ganz wunderbar, Blanche«, beginnt Virginia ihr erstes persönliches Gespräch nach vielen Jahren. »Ein köstliches Essen in einem reizenden Haus mit dir und deinen liebenswerten Freundinnen.«
»Hör auf, dich über mich lustig zu machen, Virginia.«
»Aber das tu ich nicht, Liebling, ich mache dir ein Kompliment.«
»Ich habe gehört, wie du köstlich und reizend gesagt hast.« Blanche ist an Friedensangeboten offensichtlich nicht interessiert.
»Wie denn? Wie sagte ich denn reizend?« fragt Virginia mit ungeheucheltem Interesse.
»Oh, du weißt genau, wie du reizend gesagt hast. Du sagst reizend zu mir genau auf die Art, wie du reizend zu einem Kerl sagst, der zur Verabredung in einem hellblauen Smoking erscheint.«
»Nein, nein«, protestiert Virginia, »ich meinte es ganz ernst. Egal wie es rausgekommen ist.«
»Vielleicht hab' ich einfach nicht erwartet, daß du guten Geschmack erkennen würdest. Weißt du, dieses Haus wurde von Nancy Reagans Innenarchitekt eingerichtet.«

»Wirklich?« Virginia steht der Zweifel im Gesicht geschrieben.
»Ja, aber mach dir darüber keine Gedanken. Reden wir doch lieber von dir. Es scheint, du hast abgenommen, meine Liebe.«
»Ja, das hab ich«, bestätigt Virginia stolz.
»Ach, weißt du«, fährt Blanche liebenswürdig fort, »wenn man in deinem Alter abnimmt, dann hängt die Haut bald wie die Blätter an einer Trauerweide.«
»Soviel habe ich nun auch wieder nicht abgenommen. Ich glaub auch nicht, daß mir das passiert. Ich meine, das mit der Haut.«
»Na, ich weiß nicht, jedenfalls würde ich an deiner Stelle beim Abschied nicht zu stark winken.« Mit triumphierender Boshaftigkeit zeigt Blanche auf Virginias etwas schlaffe Haut am Unterarm.
»Und ich an deiner Stelle würde keinesfalls ohne Büstenhalter joggen gehen«, gibt Virginia ebenso boshaft zurück. Dabei schleudert sie übertrieben mit dem Oberkörper.
»Ist das so? Na, dann will ich dir mal was sagen...«, holt Blanche aus, doch Virginia hat an der Fortführung des Streits kein Interesse mehr und unterbricht sie: »Also bitte. Laß uns jetzt nicht so weitermachen. Benehmen wir uns um Himmels willen wie Erwachsene. Das ganze Leben lang haben wir uns so getriezt. Hören wir endlich damit auf, okay?«
»Ja, schon gut«, lenkt Blanche ein, »wie auch immer... du denkst also daran, dir dein Gesicht liften zu lassen wegen deiner ähm... wie sag ich das möglichst

rücksichtsvoll.« Sie schlägt sich leicht unter das Kinn, »deinen Truthahnlappen, nicht wahr?«

1. Akt
3. Szene

Dorothys Schlafzimmer

Rose und Sophia haben sich mit dem Baby in Dorothys Schlafzimmer begeben. Dorothy hält den weinenden Danny im Arm und spricht beruhigend auf ihn ein.

»Das ist eine Kolik«, diagnostiziert Rose fachmännisch. »Meine Kinder hatten so was öfter. Man muß ihnen etwas Brandy einflößen«

»Gegen Kolik?« fragt Sophia entsetzt, der solche Behandlungsmethoden neu sind.

»Ja«, erklärt Dorothy sarkastisch, »nach dem Essen, zusammen mit einer Zigarre. ... Rose, man nimmt Brandy beim Zahnen, da reibt man ihn auf das Zahnfleisch.«

»Ach so, ich dachte, man gibt ihn gegen Kolik ins Fläschchen. Aber meine Babys waren eigentlich immer ganz selig.«

»Schütte mir nur genug in mein Fläschchen, dann bin ich auch selig«, bittet Sophia fröhlich.

»Sieh doch mal, das springt förmlich hinten raus. Ist

das nicht toll? Weißt du noch, wir mußten immer ein Läppchen mit Lebertransalbe nehmen.« Der Gedanke daran läßt sie eine Grimasse ziehen.

»Das ist noch gar nichts. Auf Sizilien benutzten wir ein Blatt und den Fluß«, erinnert sich Sophia.

»Mom, du hattest gar kein Baby auf Sizilien.«

»Ich war ein Baby auf Sizilien.«

»Wegwerfflaschen und Rezepte. Wir mußten unsere Flaschen sterilisieren und die Rezepte selber machen«, beteiligt sich nun auch Rose an den Reminiszenzen.

»Ich habe gestillt«, berichtet Sophia. »Dein Bruder war zwölf, als er aufhörte. Er wollte sogar immer mittags von der Schule nach Hause kommen. Aber ich hatte nichts mehr übrig hier oben.«

»Aber Ma!« Dorothy ist überzeugt, daß ihre Mutter aufschneidet und droht ihr scherzhaft mit dem Finger. In diesem Augenblick betritt Blanche das Zimmer.

»Also, sie ist weg«, verkündet sie.

»Das war alles?« wundert sich Dorothy. »Deswegen durften wir uns zwei Tage lang nicht auf die Couch setzen?«

»Nein. Ich geh mit ihr heute abend zum Essen. Warum ist das Baby noch da?«

»Weil sie immer noch im Krankenhaus sind«, erklärt Dorothy und setzt sich. »Es dauert doch etwas länger, als sie dachten.«

»Deine Schwester scheint aber recht nett zu sein«, wendet sich Rose an Blanche.

»Na ja, sie war netter als je zuvor. Sie war interessiert,

charmant, besorgt, lieb. Kaum möglich, noch perfekter zu sein. Ich möchte bloß wissen, was sie will, diese komplottschmiedende alte Hexe.«

1. Akt
4. Szene

Restaurant – am selben Abend

Wie angekündigt, treffen sich Blanche und Virginia am selben Abend in einem Restaurant. Virginia bestellt sich ein Glas Wasser, Blanche einen Whisky. Nachdem der Ober die Getränke gebracht hat, erhebt Virginia ihr Glas: »Ich möchte einen Toast ausbringen.«

»Mit Wasser?«

»Warum nicht? Ich vertrage keinen Alkohol.«

»Hast du noch nie«, erinnert sich Blanche boshaft. »Ein Jack Daniels, und du wärst mit der halben Burschenschaft verschwunden gewesen.«

»Blanche, wir haben ausgemacht, nicht wieder damit anzufangen.«

»Aber was sollen wir sonst tun? Eine ernsthafte Unterhaltung haben wir unser ganzes Leben lang noch nicht geführt.«

»Dann wird es Zeit, damit anzufangen. Meinst du nicht?«

»Mir soll's recht sein«, murmelt Blanche ohne Überzeugung.
»Auf uns«, Virginia erhebt noch einmal ihr Glas. »Auf den Beginn einer neuen und guten Beziehung. Auf uns Schwestern.«
»Das ist sehr liebenswürdig, Virginia. Also, was willst du?«
»Wäre das für dich von Bedeutung?« Virginia klingt beleidigt. »Du zertrampelst jeden zarten Augenblick.«
»Zarter Augenblick? Daß ich nicht lache. Solange ich denken kann, hast du mir alles genommen, was mir etwas bedeutet hat«, beschwert sich Blanche.
»Was hab ich dir genommen? Ein paar Kaschmir-Pullover und ein Seidenstickhemd?«
Die Frage macht Blanche erst einmal nachdenklich. Aber nach kurzer Pause braust sie vehement auf: »Du hattest mein Seidenstickhemd? Also du warst das!«
»Blanche, das ist über vierzig Jahre her!«
»Ach, halt den Mund.«
»Ich kann nicht verstehen«, versucht Virginia das Gespräch wieder aufzunehmen, »wie du dich heute noch darüber aufregen kannst.«
»Darüber nicht. Aber wegen Tom.«
»Tom?« Virginia fällt aus allen Wolken.
»Jetzt spiel nicht die Überraschte. Du wußtest doch, daß ich mit ihm ging. Und dann mußte ich aufs Land, Tante Augusta besuchen. Als ich zurückkam, hatte ich eine Fleischvergiftung, und du hattest Tom. Ich habe diesen Jungen geliebt. Ich wollte ihn heiraten. Wir meinten es ernst.«

»Aber du bist doch nur zweimal mit ihm ausgegangen.«
»Ich war eben schnell«, beharrt Blanche trotzig.
»Ich schwöre dir, ich hatte keine Ahnung, daß du dir etwas aus ihm machst.«
»Und bei deiner Hochzeit konnte ich auch noch die Brautjungfer spielen, ich stand da und sah zu, wie du Tom heiratest, und ich mußte das grüne Kleid anziehen, obwohl du genau wußtest, daß ich Grün nicht ausstehen konnte. Ich sah aus wie ein Laubfrosch. Jeden, den ich mal geliebt habe, hast du mir weggenommen.«
»Wäre es tröstlich für dich zu hören, daß Tom fleißig fremdgegangen ist?«
»Nein«, antwortet Blanche – nicht ohne Genugtuung.
»Mit wem?«
»Mit jeder.«
»Ha, das geschieht dir recht«, versetzt Blanche aus ganzem Herzen.
»Blanche, bitte!«
»Also gut. Aber es tut wohl. Wie du mir, so ich dir.«
»Dann muß ich also wirklich ein ziemlich schlechter Mensch gewesen sein«, faßt Virginia die Vorwürfe ihrer Schwester nachdenklich und leise zusammen.
»Wie meinst du das?«
»Ich meine den Grund, weswegen ich da bin.«
»Wußt ich's doch. Ich wußte, daß du einen Grund hast. Hoffentlich einen guten!«
»Ich werde bald sterben«, erklärt Virginia sachlich.
»Was?« Blanche kann nicht glauben, was sie da eben gehört hat.

»Ich muß sterben«, wiederholt Virgina.
»O mein Gott. Das erklärt auch...«
»Was?« will Virgina wissen.
»Daß du so viel älter aussiehst als ich.«

1. Akt
5. Szene

Wohnzimmer – später

Dorothy hat es sich mit einem Buch, Sophia mit einer Tüte Kartoffelchips im Wohnzimmer gemütlich gemacht.
»Ma«, bittet Dorothy, »könntest du bitte etwas leiser knabbern?«
»Das sind Kartoffelchips. Willst du, daß ich sie ganz runterschlucke?«
Blanche kommt gerade von ihrer Verabredung mit Virginia nach Hause, schaut ins Wohnzimmer und begrüßt die beiden. »Oh, ist das Baby weg?« will sie wissen.
»Nein. Rose fährt es spazieren, damit es müde wird.«
»Und warum ist es überhaupt noch hier?«
»Na ja, sie sind immer noch im Krankenhaus. Ted hat sich einer kleinen Operation zu unterziehen. Was ist denn mit Virginia?«
Jetzt kommt auch Rose mit dem Baby zurück. Danny schläft tief und fest.

»Dieses Baby wird bis zum College bei uns bleiben«, nörgelt Blanche. Rose, die befürchtet, daß der Kleine gleich wieder zu schreien beginnen wird, packt sich das Kind und geht aus dem Zimmer.

»Also«, erkundigt sich Dorothy noch einmal bei Blanche, »wie war das Abendessen?«

»Ich bin immer noch ganz geschockt«, gibt Blanche kläglich Auskunft.

»Was ist passiert?«

»Ich kann es einfach nicht glauben.«

»Was denn?«

»Ach, weißt du, man denkt nicht im Traum daran, daß man so etwas einmal zu hören bekommt.«

Dorothy ist es langsam leid, ständig auf die Folter gespannt zu werden: »Blanche, erzähl schon.«

»Sie muß sterben.«

Rose, die beim Hereinkommen nur noch den Schluß der Unterhaltung mitbekommen hat, kniet erschrokken neben Blanche nieder. »O mein Gott, Blanche, meine Süße. Ich wußte ja gar nicht, daß du krank bist.«

Dorothy sorgt für Aufklärung: »Nicht Blanche. Ihre Schwester.«

»Na Gott sei Dank.«

»Und sie ist hergekommen, um dir das zu sagen, ja?« reimt sich Dorothy den Rest der Geschichte zusammen.

»Nein. Das hätte sie auch mit einem Anruf erledigen können. Nein, es ist genau so, wie ich es mir dachte. Sie will etwas.«

»Also bitte, jetzt reicht es aber.« Dorothy klingt em-

pört. »Ich meine, diese Frau wird bald sterben. Was kann sie denn von dir wollen?«
»Meine Niere.«

2. Akt
1. Szene

Wohnzimmer – später

Einen Augenblick lang herrscht verdutztes Schweigen. Dann fragt Dorothy zur Sicherheit noch einmal nach: »Deine Niere?«
»Meine Niere.«
»Was will sie denn mit deiner Niere machen?« interessiert sich Rose.
»Sie will die Katze füttern, Rose«, vermutet Dorothy.
»Sie steht kurz vor dem Nierenversagen. Und eine Transplantation ist ihre einzige Hoffnung.«
»Ach, Liebes«, tröstet Dorothy weichherzig, »das tut mir ja wahnsinnig leid.«
»Und was passiert, wenn sie deine Niere nicht bekommt?« will Rose wissen.
»Dann stirbt sie.«
»Du hältst ihr Leben in deinen Händen. Was wirst du tun?«
»Ich weiß es nicht«, gibt Blanche mit einem Seufzer freimütig zu.

»Bin ich froh, daß du nicht meine Schwester bist.« Sophias Bekenntnis kommt von Herzen und trägt ihr die tadelnden Blicke aller Anwesenden ein.
»Ich muß jetzt unbedingt was essen«, lenkt Blanche erfolgreich ab, und die Golden Girls gehen in die Küche.
»Sag mal, kommst du nicht gerade vom Essen?« erkundigt sich Rose mißtrauisch bei Blanche.
»Ach, ich hab keinen Bissen runtergebracht. Ich war wie benommen.«
»Und? Was wirst du machen, Blanche?«
»Ich weiß es wirklich nicht.« Blanche sieht keine Chance, das Thema zu vermeiden. »Ich meine, es ist ja nicht so, daß sie meine Tochter wäre. Sie ist meine Schwester. Meine Schwester, die ich nicht ausstehen kann.«
»Ich wollte, ich könnte ihr meine Niere geben. Dann müßte sie die ganze Nacht hindurch aufstehen und aufs Klo rennen«, erklärt Sophia großzügig.
»Was ist«, überlegt Blanche praktisch, »wenn ich ihr meine Niere gebe, und dann hört die eine Niere, die ich noch habe, auf zu funktionieren? Was mach ich dann, verlange ich meine Organspende zurück?«
»Das wäre dann ein Indianergeschenk. Du schenkst eine Kleinigkeit und willst das Doppelte wiederhaben.«
»Ich brauche meine beiden Nieren. Weißt du, was passiert, wenn ich eine abgebe? Meine Fesseln schwellen an, meine Augen quellen hervor, und ich gehe auf wie ein Pillsbury-Fertigteig.«

»Ach was«, beruhigt Dorothy ihre Freundin, »gar nichts wird passieren. Du kannst wunderbar mit einer Niere leben.«
»Also, das hier kann ich auch nicht essen.« Blanche schiebt ihren Teller zurück und steht auf. »Ich geh jetzt schlafen und werde bis morgen darüber nachdenken. Alles, was ich weiß, ist, daß ich auf der Verlierer-Straße bin. Ich verliere entweder eine Schwester oder eine Niere. Was ich auch tue, ich werde dabei verlieren.«
Nachdem Blanche aus der Küche gegangen ist, herrscht Stille im Raum. Rose, Dorothy und Sophia brüten über dem Problem.
»Was würdest du denn machen?« nimmt Rose den Faden wieder auf.
»Na, bei meinen Kindern brauchte ich keine Minute zu überlegen. Ich würde ihnen auch beide Nieren geben. Ich würd sie mir noch selber rausschneiden«, ist sich Dorothy sicher.
»Ich auch. Ich würde ihnen sogar mein Herz geben.«
»Ich auch«, stimmt Sophia zu. »Allen meinen Kindern. Außer Phil.«
»Und warum nicht Phil?«
»Weil er nie anruft und nie schreibt. Ich höre nur an Weihnachten von ihm, wenn er mir das Krippenbild von Cheddar cheese schickt. Ich bin katholisch. Ich kann keinen Heiligen auf einen Kräcker schmieren.«
»Wenn ich noch mein Hündchen Fluffy hätte«, sinniert Rose, »würde ich sie ihm geben.«
»Was würdest du Fluffy geben?« will Sophia verständnislos wissen.

»Meine Niere.«
»Jetzt mach mal ’n Punkt, Rose. Du würdest deinem Hund deine Niere geben?«
»Garantiert.«
»Damit er dir auf den Teppich pinkeln kann?« Für Sophia geht so viel Tierliebe entschieden zu weit.
»Ich würde sie ihm geben zum Dank für alles, was er mir gegeben hat. Er hatte mich lieb, er war loyal, er war lustig, und er wich nie von meiner Seite.«
»Ich wünschte mir, mein Exmann wäre auch so ’ne Art Fluffy gewesen«, versucht Dorothy die ernste Runde etwas aufzuheitern. »Das hätte ’ne Menge Probleme gelöst.«
»Du hättest ihn eben an der Leine führen sollen«, geht ihre Mutter auf den Versuch ein.
Doch nach einer Pause sind alle wieder bei den schweren Gedanken angelangt. »Ach, die arme Blanche«, seufzt Dorothy.

2. Akt
2. Szene

Wohnzimmer – am darauffolgenden Tag

Der folgende Tag ist für Virginia der Tag der Abreise. Im Wohnzimmer nimmt sie Abschied von ihrer Schwester: »Ich weiß, wie dir zumute ist, Blanche. Du

brauchst ein bißchen Zeit, um darüber nachzudenken.«
»Da hast du verdammt recht, die brauch ich.« Blanche gießt Kaffee ein. »Es geht immerhin um einen lebenswichtigen Teil meines Körpers.«
»Ich weiß.«
Sophia kommt herein und geht auf Blanche zu: »Gibst du sie ihr oder nicht?« fragt sie robust.
»Sophia!« protestiert Blanche verlegen, der die Frage in Virginias Anwesenheit peinlich ist.
Doch Sophia, die schon wieder im Begriff ist, das Zimmer Richtung Küche zu verlassen, bleibt hart: »Was sind die Folgen? Du trinkst ein bißchen weniger Bourbon.«
»Es ist eine schwere Entscheidung, Sophia«, gibt Virginia zu bedenken. »Sie muß darüber nachdenken.«
»Sie ist deine engste Verwandte. Wenn du nicht mehr auf die Familie zählen kannst, auf wen willst du dich sonst verlassen?« stellt Sophia die Frage in den Raum und verläßt ihn.
»Sie ist eine Italienerin«, bemerkt Blanche, als würde das etwas erklären.
»Ich würde das verstehen, wenn du... na ja, wenn du dich dagegen entscheidest.«
»Ja. Wie kommt es eigentlich, daß du nicht Charmain um eine Niere gebeten hast? Charmain stand dir immer näher als ich.« Das Mißtrauen in Blanches Stimme ist nicht zu überhören.
»Charmains Nieren sind miteinander verbunden.«
»Was heißt das, verbunden?«

»Sie sind zusammengewachsen«, erklärt Virginia geduldig. »So als wäre es eine einzige große Niere. Man kann sie nicht trennen.«
»Wenn man von Charmain schon mal was braucht.«
»Ja, ich weiß. Sie konnte Mama nie helfen, weil sie Herzflattern hatte, beim Sportunterricht konnte sie nicht mitmachen wegen eines verlagerten Uterus', und Hausarbeiten konnte sie auch nicht machen, weil sie einen spastischen Mastdarm hatte. Jetzt hat sie verwachsene Nieren.«
»Das Mädchen ist der reinste Mutant.«
Sophia kommt aus der Küche zurück: »Ich würde dir gern eine von meinen Nieren geben, aber sicherlich hättest du lieber eine, die du unter Kontrolle halten kannst.«
»Ich danke dir, Sophia«, Virginia errötet vor so viel Großherzigkeit.
»Gern geschehen.«Und schon ist Sophia wieder aus dem Zimmer.
»Jedenfalls glaube mir, wenn du dich dagegen entscheidest, werde ich das verstehen. Großes Ehrenwort.«
»Ja natürlich.« Blanche will das Angebot nicht gelten lassen. »Du wärst tot. Und alle würden sagen, Blanche hat sie umgebracht.«
»Ich will damit nur sagen, daß ich weiß, wie schwer die Wahl ist, vor die ich dich gestellt habe. Und ich weiß nicht einmal, was ich an deiner Stelle tun würde.«
»Willst du damit sagen, du weißt nicht, ob du mir deine Niere geben würdest?«

»Genau. Ich weiß es nicht.«
»Na, das überrascht mich gar nicht.« Blanche hat auf einmal wieder Oberwasser. »Du hast mir früher nicht mal 'n Kleenex geliehen. Übrigens, ich trage Größe acht. Deine Niere würde mir gar nicht passen. Die hätte gar keinen Platz in meinem Körper.«
Virginia steht auf. »Schon gut. Ich glaube, ich geh jetzt lieber. Solltest du dich entscheiden, es dennoch zu tun, dann sehen wir uns in ein paar Tagen in Atlanta wieder.«
»Hast du Angst?«
»Ja«, gibt Virginia zu.
»Das würde jedem so gehen«, akzeptiert Blanche großzügig.
»Glaub ich auch. Blanche, was auch passiert, ich hab dich sehr lieb. Und ich danke dir.«
»Mach's gut.« Blanche umarmt ihre Schwester, und Virginia geht hinaus.

2. Akt
3. Szene

Küche – am nächsten Tag

Rose hat gerade ein Telefongespräch geführt. Jetzt legt sie auf und kommt zu Dorothy und Blanche in die Küche: »Der Doktor meint, das wäre das erste Mal, daß ihn jemand anruft, weil ein Baby am Tage schlafen würde. Und dann nannte er mich, na ja, ich glaube, er nannte mich bescheuert.«

»Das Baby schläft am Tage, weil es vier Frauen um sich hat, die es nachts nicht schlafen lassen«, erklärt Dorothy. »Wer ist letzte Nacht wieder reingegangen? Warst du das?«

»Na ja«, gibt Rose nach längerer Pause verlegen zu, »einmal war ich drin.«

»Warum?«

»Ich habe lange gearbeitet. Ich hab es den ganzen Tag nicht gesehen.«

»Und? Hat es geschlafen?«

»Zuerst ja«, verteidigt sich Rose.

»Das muß aufhören. Das Kind braucht nachts seinen Schlaf.«

»Es hat nicht allein die ganze Nacht wachgelegen«, berichtet Blanche.

»Du etwa auch?«

»Ja.« Blanche hört sich an, als hätte sie eine wichtige Mitteilung zu machen. »Und ich habe über eine ganze Menge nachgedacht.«

»Und?« will Dorothy gespannt wissen.

»Und, und! Natürlich werde ich es tun.«

»Oh, Blanche, du bist eine tapfere Lady«, freut sich Dorothy, und Rose schließt sich an: »Das bist du wirklich, Liebes.«

»Nein, ich muß es ganz einfach tun. Ich will nicht, daß meine Schwester stirbt. Ich will, daß sie lebt, und tue das nicht nur für sie. Auch für mich. Ich will sie als erwachsener Mensch neu kennenlernen. Und ich will die Chance haben, daß wir Freundinnen werden... Schwestern. Schließlich ist sie alles, was ich an Familie noch habe.«

»Ich denke, du hast noch eine Schwester, Charmain«, fällt Rose dazu ein.

»Ach, die zählt doch nicht. Sie ist schrecklich, selbstsüchtig und neurotisch. Diese Frau hat mir und Virginia die ganze Zeit das Leben zur Hölle gemacht!« Sie steht auf und geht zur Tür. »Ich muß jetzt packen.«

2. Akt

4. Szene

Wohnzimmer – am nächsten Tag

Die Golden Girls haben sich im Wohnzimmer versammelt. Die Zeit für den Abschied von Danny ist gekommen. Dorothy hält den Kleinen auf dem Arm: »Ich geb ihn gar nicht gern wieder her.«

»Wiedersehen Danny. Wiedersehen Katerbaby. Wiedersehen kleiner Mann... bye-bye«, verabschiedet sich auch Rose.

»Was ziehst du denn da ab? Das hört sich an, als ob du mit einer Salami redest«, macht sich Sophia lustig.

Dorothy macht der Zeremonie ein Ende. »Der Kleine muß jetzt leider wieder weg. Ich bin gleich zurück.

Sag bye-bye«, und bringt das Kind nach draußen.
»Ich mach mir Sorgen um Blanche. Vielleicht sollte jemand von uns mitfahren«, schlägt Rose vor.
»Ich nicht.« Sophia schaudert bei dem Gedanken. »Ich hasse Krankenhäuser. Mein Freund Manny Fishbein mußte ins Krankenhaus. Er war ein gesunder Kerl und dann ... bumm bumm, tot. Einfach so. Im Schlaf. Achtundneunzig Jahre alt. Ohne ersichtlichen Grund.«
»Ich mag auch keine Krankenhäuser«, gesteht Rose. »Sie sind voller Bakterien. In den Fahrstühlen halt ich immer den Atem an. Da sind Kranke, und außerdem ist es eng. Einmal mußte ich in den achten Stock, und der Fahrstuhl hielt in jeder Etage, und ich mußte die ganze Zeit den Atem anhalten. Schließlich wurde ich ohnmächtig und hab mir den Kopf aufgeschlagen, und dann mußte ich dableiben, weil ich eine Gehirnerschütterung hatte. Und den Weg runter mußte ich wieder den Atem anhalten bis zur Intensivstation. Und dann nochmal beim Röntgen, da wollen sie sowieso, daß du den Atem anhältst und...«
Inzwischen ist Dorothy wieder zurückgekehrt. »Ich habe große Neuigkeiten«, verkündet sie freudig.
»Entschuldige mich«, wendet sich Sophia an Rose, »ich komme später gern auf deine phantastische Krankenhausgeschichte zurück.«
»Ted und Lucy sagen, daß wir das Baby nächsten Monat wieder haben können, wenn sie über's Wochenende wegfahren.«

»Das ist ja wundervoll!« Rose ist Feuer und Flamme. »Ach, ich bin ganz aufgeregt.«

In der Tür erscheint nun eine blendend aufgelegte Blanche und begrüßt den Rest der Wohngemeinschaft.

»Blanche«, wundert sich Dorothy. »Was machst du denn hier? Ist was passiert? Ich meine, ich dachte nicht, daß du so früh wiederkommst.«

»Mir ist das Beste passiert, was ich mir vorstellen konnte. Ich habe noch beide Nieren, und meiner Schwester geht es gut.«

»Tja, wie ist denn das möglich?«

»Sie konnten meine Niere nicht gebrauchen«, berichtet Blanche genüßlich. »Meine Blutadern sind zu eng. Natürlich sind sie das, ich war ja immer in allem ›petite‹.«

»Blanche, bitte. Was ist mit Virginia?«

»Ach so, ja«, Blanche tut, als müsse sie an das Nächstliegende erst erinnert werden. »Etwas Wunderbares ist geschehen. Sie haben eine Organspenderin gefunden wie nach Maß. Eine Lehrerin der Mormonen im Ruhestand.«

»Da hatte Virginia aber Glück.«

»Kann man wohl sagen. Die Niere ist wie frisch aus dem Laden, in erstklassigem Zustand. Das wildeste, was sie je verarbeiten mußte, war Ovomaltine. Aber Kinder, das beste ist ja wohl dieser Schrank von einem Doktor, der mich untersucht hat. Er kommt in ein paar Wochen nach Florida.«

»Sie kann gehen, wohin sie will, immer findet sie einen Mann.« Eine Prise Neid ist unüberhörbar.

»Alte Fregatten gehen überall vor Anker«, kommentiert Sophia charmant.

»Ma!« Dorothy möchte einen offenen Krach verhindern, aber Blanche ist heute ausgesprochen versöhnlich gestimmt: »Wißt ihr, was ich toll finde? Nach so langer Zeit, die wir damit vergeudet haben, uns gegenseitig zu hassen, lernen wir uns jetzt erst richtig kennen und ... ach, ich sage euch, ich liebe sie. Endlich habe ich eine Schwester, die ich richtig lieb haben kann. Ist das nicht komisch? Manchmal mußt du einen Menschen fast verlieren, bevor dir klar wird, wieviel er dir eigentlich bedeutet. Kommt, wir gehen aus, wir feiern das Leben. Wir gehen aus und tun irgend etwas Verrücktes!«

»Fliegen wir nach Freeport und spielen die ganze Nacht im Casino«, schlägt Sophia vor, die sich von Blanches ausgelassener Stimmung gern anstecken läßt.

»Das können wir uns nicht leisten, Ma«, bremst Dorothy.

Rose hat einen Alternativvorschlag: »Dann gehen wir ins Disneyland und fahren in den fliegenden Teetassen.«

Aber auch diese Idee findet vor Dorothys Augen keine Gnade: »Das wäre zu wild, Rose«, widerspricht sie.

»Hey«, probiert es Blanche noch einmal, »ich kenne eine Bar in Cocoa Beach, da kannst du ehemalige Astronauten abschleppen.« Alles starrt sie zweifelnd an.

»Vielleicht...«, jetzt hat Rose die erleuchtende Eingebung, »... da wäre noch Schwarzwälder Kirschtorte im Kühlschrank.«
Der Vorschlag findet auch bei Blanche Anerkennung. »Na großartig!« ruft sie und verdreht genußvoll die Augen.
Und wie immer hat Dorothy das letzte Wort: »Das ist doch was!«

Blanche und der jüngere Mann

Die Sorge, akzeptiert zu werden und sich selbst akzeptieren zu können, zieht sich wie ein roter Faden durch das gesamte Kapitel. Da ist auf der einen Seite Roses Muter Alma, die für ein paar Tage zu Besuch kommt, eine junggebliebene alte Dame, die Karten spielt und Witze reißt und ihrer zutiefst entsetzten Tochter eine Beziehung zu einem Exsträfling enthüllt, die sie mit zu den wichtigsten Begegnungen ihres Lebens zählt. Dieser junggebliebenen alten Dame steht die alternde Blanche gegenüber, die zwar alt werden möchte, aber keinesfalls älter. Sie hat einen jüngeren Mann namens Dirk kennengelernt, den sie durch nimmer verblühende Jugend und einen straffen jungen Körper an sich binden möchte.

Beide Situationen, weniger gefahrvoll als andere, mit denen die Golden Girls schon konfrontiert waren, werden mit überwältigender Komik präsentiert, wie zum Beispiel eine zwerchfellerschütternde Diskussion über Almas unmittelbar bevorstehende Ankunft. Als Alma dann endlich eintrifft, kümmert sich Rose um die rüstige alte Dame wie um eine Schwerverletzte auf der Intensivstation und bemuttert sie in ge-

radezu unerträglicher Weise. Als sie den anderen zu verstehen gibt, daß ihre Mutter so gut wie taub sei und sich daraufhin jeder mit entsprechender Lautstärke verständlich zu machen sucht, platzt Alma mit der Frage in die allgemeine Brüllerei: »Wer von euch hört denn hier schlecht?«
Aber Rose erweist sich als lernfähig und langsam begreift sie, was ihr Alma liebevoll zu verstehen gibt: »Rosie, daß du mich nicht leben läßt, wird mich nicht vom Sterben abhalten können.«
Auch Blanche wird inzwischen ein heftiger Stoß in Richtung Realität versetzt. Bei ihrem ersten gemeinsamen Abendessen mit Dirk, ihrem jungen Aerobic-Lehrer, entdeckt sie nicht etwa einen amüsanten Unterhalter und lustvollen Liebhaber, sondern einen narzistischen Neandertaler, der sich für den eigenen Körper weitaus mehr interessiert als für ihren. Während Genußmensch Blanche Ente à l'orange und einen doppelten Jack Daniels beim Ober ordert, entscheidet sich Dirk für einen Teller mit Brunnenkresse. Auch die Unterhaltung mit Dirk fördert wenig Substanzielles zu Tage, sie plätschert mühsam dahin. Vor allem aber sind es Dirks Vergleiche mit seiner Mutter, die Blanche zutiefst irritieren. Sie verabschiedet sich aus dieser unmöglichen Beziehung, noch ehe sie begonnen hat, und beendet sie nicht etwa geläutert, aber doch etwas klüger. Dorothy mit ihrem gesunden Menschenverstand bringt das leicht chaotische Geschehen um Blanche und Roses Mutter auf den Punkt, während sie unter der Küchenspüle sitzt,

um den Abfluß zu reparieren: »Das ist der einzig friedlich-ruhige Ort, den ich in den letzten beiden Tagen hatte. Blanche denkt, sie sei Peter Pan, und Rose ist Mamas Liebling geworden.«

Besetzung

Dorothy, Rose, Blanche, Sophia, Alma, Dirk, Kellner

1. Akt

1. Szene

Küche – Tag

Besuch steht ins Haus: Roses Mutter hat sich angesagt. Doch nicht alle Golden Girls sehen diesem Ereignis mit Vorfreude oder auch nur unvoreingenommen entgegen. Schon gar nicht Sophia. Dorothy beobachtet gerade, wie ihre Mutter ein vollbeladenes Tablett aus der Küche schleppt: »Ma, wo willst du mit dem ganzen Essen hin?«

»Ich nehme es mit auf mein Zimmer.«

»Wen hast du denn da drin, Shelley Winters?«

»Ich bringe es vor Roses Mutter in Sicherheit«, erklärt Sophia mißgelaunt. »Die ist auf Spezialdiät gesetzt, ich hasse solche Leute. Du drehst ihnen eine Sekunde den Rücken zu, und dein Essen ist weg. Alles auf deinem Teller paßt plötzlich genau in ihren Diätplan.«

»Ma, ich bitte dich«, protestiert Dorothy. »Du hast Roses Mutter noch nicht einmal kennengelernt.«

»Glaube mir, ich kenne eine Menge alter Leute. Die sind alle gleich. Völlig verschroben und anspruchsvoll. Sie wiederholen sich ewig und sind zänkisch.«

»Warum glaubst du, daß Roses Mutter eine alte Frau ist?« fragt Dorothy verwundert. »Sie ist genauso alt wie du.«

»Machst du Witze? Wieso bestellt dann Rose für sie einen Rollstuhl zum Flugplatz und eine spezielle Diät für den Flug und läßt in der Garage einen Sauerstofftank installieren?«
»Vielleicht ist sie eine behinderte Punktschweißerin auf Spezialdiät«, gibt Dorothy zu bedenken.
Und nach einer Pause: »Sei einfach nett zu ihr, Ma. Vielleicht könntest du sie mal mitnehmen und ihr die Umgebung zeigen.«
Aus der Küche hören die beiden, wie die Wohnzimmertür geöffnet und wieder geschlossen wird. »Das müssen sie sein«, schließt Dorothy messerscharf. Sophia macht sich notgedrungen auf den Weg zur Begrüßung, Dorothy folgt ihr.
»Ihr drei geht an die Arbeit, und ich werde ihr Fremdenführer. Das wird mein zweihundertster Besuch im Aquarium. Ich kenne die Show auswendig«, ruft sie ihrer Tochter zu.
»Gut. Vielleicht erlaubt man dir, die Ottern auf dem Xylophon zu begleiten.«
Doch vor dem Wohnzimmer trifft Sophia zunächst einmal auf Blanche und Dirk. Blanche hat den jungen Mann erst vor kurzem kennengelernt und verabschiedet sich gerade von ihrer Begleitung: »Nochmals vielen Dank fürs nach Hause Bringen, Dirk. Wir sehen uns am Dienstag bei der Jazz-Probe.«
»Okay, Blanche. Bis dann also. Es sei denn, wir würden uns vorher nochmal treffen. Ich meine, wenn es dir recht ist, können wir vielleicht mal ausgehen.«
Die unerwartete Einladung ist Balsam für Blanches

Selbstbewußtsein: »Hab ich da gerade gehört, Dirk, daß du dich mit mir verabreden willst?«
»Bist du taub?« mischt Sophia sich unromantisch ein, »ich habe das sogar von hier aus verstanden.«
»Also Blanche, was meinst du?« Dirk läßt sich nicht beirren, »wollen wir Samstag abend zusammen essen?«
»Ich werde sofort in meinem Terminbuch nachsehen und dir Bescheid sagen.«
»Tu das, Blanche. Ich ruf dich morgen an«, und mit einem freundlichen Nicken für Sophia verläßt Dirk die Wohnung.
»Na«, triumphiert Blanche, »ist das nicht eine höchst interessante Wendung der Dinge? Ich weiß gar nicht, was ich tun soll. Er ist ja etwas jünger als ich, und ich möchte ihm nicht das Herz brechen. Er ist so reizend und anscheinend total in mich verknallt. Na ja, aber irgendwie doch noch ein großer Junge. Er verdient vielleicht nicht gerade viel, aber andererseits...«
»Blanche, der Mann hat dich zum Essen eingeladen«, dämpft nun Dorothy die Euphorie, »und nicht aufs Standesamt.«
In diesem Augenblick kommen Rose und ihre Mutter Alma herein. Rose ist die Sorge um ihre Mutter deutlich anzusehen: »Geh bloß vorsichtig, Mutter, sei ein braves Mädchen.«
»Seit 1912 bin ich kein Mädchen mehr«, kommt es von der alten Dame schroff zurück.
»Seht mal, wer da ist«, übernimmt nun Rose mit betont lauter Stimme die Vorstellung. »Ich möchte euch

meine Mutter vorstellen, Mrs. Lindstrom. Mutter, das sind Blanche, Dorothy und Sophia.«

»Freut mich sehr, Sie kennenzulernen«, begrüßt sie Dorothy mindestens ebenso laut. »Wie war ihr Flug?«

»Ausgezeichnet!« antwortet Alma, nun schon fast schreiend, um sich gleich darauf bei Rose zu erkundigen: »Wer hört denn hier so schlecht?«

»Niemand, Mutter. Wir möchten nur, daß du uns ohne Anstrengung gut verstehst.«

»Meine Ohren sind absolut in Ordnung«, stellt Alma trotzig klar.

»Aber ja, natürlich«, besänftigt Rose in einem Tonfall, den Töchter stets wählen, wenn sie ihre Mutter bemuttern, »setz dich doch, ich mache dir gleich etwas zu essen.«

»Wie lange werden Sie bei uns bleiben, Mrs. Lindstrom?« erkundigt sich Blanche vorsichtig.

»Nur eine Woche. Dann fährt sie nach Houston auf Besuch zu meinem Bruder«, antwortet Rose schnell für ihre Mutter.

»Heißt du Mrs. Lindstrom?«

Das »Nein« von Rose kommt etwas verlegen.

Um so resoluter wendet sich Blanche noch einmal an Alma: »Mrs. Lindstrom, möchten Sie sich vielleicht das Haus ansehen, solange Rose in der Küche zu tun hat?«

Und wieder ist Rose schneller als ihre Mutter: »Ich glaube, das hat noch Zeit, Blanche. Mutter hatte einen anstrengenden Tag. Wir wollen es nicht übertreiben.«

»Sie könnte ja den Ostflügel auslassen, Rose«, macht Dorothy einen Vorschlag zur Güte.
»Vielleicht morgen, Mutter. Mach doch ein Nickerchen, bis ich das Essen fertig habe.«
»Rose, ich bin kein Kind«, protestiert Alma nun offen. »Ich brauche kein Nickerchen.«
»Was soll an einem Nickerchen verkehrt sein? Bob Hope macht jeden Tag ein Nickerchen.«
»Nun, wenn er das nicht gerade jetzt in unserem Schlafzimmer macht, dann bin ich sicher, daß deine Mutter lieber bei uns bleibt.«
Doch Rose schüttelt nur resolut den Kopf: »Dorothy, bitte. Ich weiß, was für meine Mutter das Beste ist. Komm jetzt bitte«, und damit drängelt sie ihre Mutter aus dem Zimmer, »wir wollen auspacken.«
»Sie scheint eine recht nette Lady zu sein«, befindet Dorothy, die mit Blanche und Sophia zurückgeblieben ist.
»Ja, es ist nur jammerschade, daß Rose sie nicht in Ruhe läßt.« Sophia hat ihre anfängliche Reserviertheit offensichtlich abgelegt.
»Erstaunlich, erstaunlich. Höchst erstaunlich«, meldet sich auch Blanche zu Wort.
»Was ist denn so erstaunlich?«
»Ich«.
»Ach, jetzt hör schon auf.« Dorothy hat keine Lust auf Rätselraten.
»Ich hab entschieden, daß ich diese Verbindung in den Griff bekommen werde. Ich gehe mit Dirk Samstag abend aus«, lüftet Blanche den Schleier des Geheimnisses.

»Hattest du daran jemals den geringsten Zweifel?« Dorothy klingt ehrlich erstaunt.
»Nur einen Moment lang. Denn, und das muß bitte unter uns bleiben, Dirk ist fünf Jahre jünger als ich.«
»In was rechnest du, Blanche? In Hundejahren?«
»Ich habe jetzt beschlossen«, übergeht Blanche den uncharmanten Einwurf, »dieses kleine Detail zu ignorieren und mich dem Vesuv meiner Leidenschaft zu überlassen, der in meinem Innersten kurz vor dem Ausbruch steht.«
»Geht zurück«, meldet sich nun Sophia in gespielter Furcht, »ich habe Angst, daß sie uns ansteckt.«
»Ach, wißt ihr«, beginnt Blanche erneut zu schwärmen, »was da zwischen mir und Dirk passiert, ist etwas Besonderes. Etwas Zartes, Zerbrechliches und sehr Seltenes. Ich habe das nur ein einziges Mal zuvor empfunden. Es war in meinem siebzehnten Sommer, als ich in der Kosmetikabteilung der Rexall Drogerie gearbeitet habe. Ich füllte gerade die Regale auf, als eine dröhnende Stimme hinter mir fragte: ›Entschuldigen Sie, Miss, wo finde ich Nagelhautscheren?‹ Ich drehte mich um, und da stand er. Es war ein Gefühl, wie wenn man Gott zum ersten Mal sieht. Unsere Augen trafen sich, und einen Moment lang gab es niemanden auf dieser Welt, außer uns beiden.«
»Blanche, bitte«, stoppt Dorothy den Gefühlsausbruch, »Sidney Sheldon erzählt solche Geschichten kürzer.«
Doch Blanche will sich jetzt nicht bremsen lassen: »Ich bin zutiefst davon überzeugt, daß, wenn ich mei-

nen Gefühlen an jenem Tag in der Drogerie nachgegeben hätte, ich heute die Witwe von... Mister Chet Huntley wäre. Und ich verspreche euch, bei Dirk nicht den gleichen Fehler wie bei Chet zu machen.« Hocherhobenen Hauptes verläßt sie das Wohnzimmer.

»Hat sie uns diese Geschichte nicht schon mal erzählt?« erkundigt sich Dorothy zweifelnd bei ihrer Mutter.

»Ja. Aber beim letzten Mal war es bei Woolworth, es war ein Fußnagel-Clipper und John Cameron Swayze.«

1. Akt
2. Szene

Wohnzimmer – Tag

Blanche sitzt im Wohnzimmer vor dem Fernseher und beteiligt sich angestrengt am gerade laufenden Gymnastikprogramm. Dorothy beobachtet sie dabei mit teils ungläubigem, teils besorgtem Gesichtsausdruck. »Einatmen... und ausatmen... und zurücklehnen... in dieser Stellung verbleiben wir. Und ruhig weiter atmen.«

»Das einzige Mal«, kommentiert Dorothy Blanches schweißtreibende Bemühungen, »wenn ich so eine Stellung einnehmen könnte, ist beim Gebären.«

»Ohhhhh... mein armer Rücken«, Blanche hat sich offensichtlich etwas viel zugemutet.
»Hast du dir weh getan, hör doch auf.«
»Nein«, versagt sich Blanche eisern eine Erholungspause, »ich muß weitermachen. Ohne Schweiß, kein Preis, ich muß gut aussehen für Dirk. Ein Mann in seinem Alter ist an schlanke, gutklingende Körper gewöhnt.«
»Dann schenk ihm ein Prinzessinnen-Telefon.«
Mit einer Handbewegung wischt Blanche diesen unernsten Vorschlag beiseite, beendet ihre Übungen und greift statt dessen in ihre Handtasche. Aus mehreren Pillenröhrchen und Schachteln nimmt sie Tabletten und schluckt sie mit dem Ausdruck äußerster Konzentration.
»Was machst du denn jetzt wieder?« erkundigt sich Dorothy neugierig.
»Ich nehme meine Bienen-Pollen, meinen Schafsleber-Extrakt und mein Fischöl-Protein. Von Tag zu Tag werde ich jünger und jünger.«
»Na fein. Wenn sie eines Tages Walt Disney auftauen, dann hast du jemanden, mit dem du ausgehen kannst.«
»Spotte ruhig. Diese Mittel wirken wirklich.«
»Denk doch mal eine Minute lang nach.« Dorothy hat den Zynismus aufgegeben und versucht es mit vernünftigen Argumenten. »Wenn du glaubst, du mußt das alles mit Gewalt auf dich nehmen, was für eine Art von Beziehung soll sich denn daraus entwickeln?«
»Eine jugendfrische Beziehung«, entgegnet Blanche, nicht vom geringsten Zweifel erfüllt. »So, wie ich sie

haben will. Dirk ist der jüngste Mann, mit dem ich je ausgegangen bin, Dorothy. Und wenn ich ihn halten will, dann muß ich alles dransetzen, was in meinen Kräften steht. Und jetzt entschuldige mich bitte, ich muß noch eine Runde joggen.« Und trabt beschwingt aus dem Zimmer. Dabei kommt ihr Rose entgegen und mustert sie anerkennend: »Hey, Blanche, du siehst toll aus.«
»Danke«, strahlt Blanche und trabt weiter.
»Blanche sieht furchtbar aus«, findet Rose, kaum daß Blanche das Zimmer verlassen hat.
»Ja, weil sie nur noch Bienen-Pollen ißt.«
»Ich weiß. Ist es nicht die reinste Ironie, daß Bienen so gut aussehen?«
»Was machst du denn schon hier?« wundert sich Dorothy.
»Ich hab früher Schluß gemacht, damit ich bei meiner Mutter sein kann.«
»Meine Mutter hat deine Mutter mit auf die Rennbahn genommen.«
Verärgert wendet Rose sich ab und geht in Richtung Küche: »Du hast sie aus dem Haus gelassen?«
»Nein, Rose«, stellt Dorothy klar, die ihrer Freundin gefolgt ist, »sie hat sich mit einem Eßlöffel einen Tunnel aus ihrem Schlafzimmer gebuddelt.«
»Um Gottes willen! Sie ist draußen auf der Straße, und es wird schon dunkel.«
»Rose, es geht ihr wunderbar. Sophia ist bei ihr.«
»Sophia ist anders, Dorothy. Sie ist... na ja, sie ist eben deine Mutter. Meine Mutter führt ein sehr ruhiges

Leben, weißt du... all diese Aufregungen, das wird zuviel für sie sein.«
»Rose, sie wettet auf Pferde, sie macht kein Rodeo.«
Rose droht langsam der Kragen zu platzen, als Alma und Sophia bestens gelaunt in der Küche aufkreuzen.
»Mutter«, erkundigt sich Rose sofort besorgt, »geht es dir auch gut?«
»Ihr ja«, berichtet Sophia, »ich bin mit fünfzig Dollar im Keller.«
Tatsächlich präsentiert Alma stolz ein Bündel Geldscheine: »Sieh doch nur, Rosie, ich habe vierhundert Dollar gewonnen!«
»Hab ich's dir nicht gesagt? Mach dir bloß keine Sorgen«, Dorothy fühlt sich, als hätte sie selbst eine Wette gewonnen. »Gratuliere, Alma. Und Ma, du findest mich im Wohnzimmer, sowie du mir erklären kannst, woher die fünfzig Dollar stammen, die du verspielt hast.«
Während Dorothy aus der Küche geht, bleiben Alma, Rose und Sophia zurück.
»Sophia, wie lange hat denn die Einkaufspassage offen? Ich bin ganz wild darauf, etwas zu unternehmen. Komm mit, ich kauf dir Bikini-Unterwäsche«, schlägt eine unternehmungslustige Alma vor.
»Nein danke, die rutscht mir immer hoch.«
»Mutter, ich glaube, es war genug für heute. Jetzt setzt du dich am besten hin, und ich bringe dir eine schöne Tasse Tee.«
»Ich will mich nicht hinsetzen, ich will ausgehen und Spaß haben«, und wirft ihrer Tochter einen angriffslustigen Blick zu.

»Aber du weißt doch, was mit dir los ist, wenn du müde wirst«, beharrt Rose, als müsse sie ein unartiges Kind überzeugen. »Dann verlierst du wieder das Gleichgewicht und brichst dir die Hüfte. Genau das ist das letzte Mal passiert.«

»Rose, ich habe mir die Hüfte beim Schlittschuhlaufen gebrochen«, stellt Alma klar. »Ich dachte, ich schaffe den Sprung über das fünfte Faß.«

»Und möchtest du vielleicht wieder ins Krankenhaus? Hat dir das vielleicht Spaß gemacht?«

»Ich fürchte«, erwidert Alma in aller Offenheit, »mehr Spaß, als ich mit dir habe.«

»Mutter«, Rose wirft ihr einen empörten Blick zu.

»Hör mir bloß auf mit diesem ewigen ›Mutter‹! Wenn du so weitermachst, tut es mir leid, überhaupt hergekommen zu sein.«

1. Akt
3. Szene

Wohnzimmer – Am nächsten Abend

Am nächsten Abend sind Alma und Sophia erneut unterwegs. Rose erwartet ihre Mutter mit Ungeduld zurück, während Dorothy ein wenig Ordnung in ihre Papiere bringt.

»Rose, du hast erst vor zwei Minuten zur Tür rausgesehen.«

»Ich dachte, ich hätte sie gehört. Warum hab ich sie bloß allein einkaufen gehen lassen? Das ist einfach zu gefährlich für sie.« Ungeduldig geht Rose im Zimmer auf und ab.
»Wovon redest du eigentlich?« will Dorothy unschuldig wissen.
»Ich habe gerade heute morgen gelesen, daß vierzehnhundert Leute bei einem Aufruhr wegen Lebensmitteln in Kalkutta verletzt wurden.«
»Jetzt hast du mir richtig Angst eingejagt«, Dorothys Sarkasmus ist unüberhörbar.
Sophia kommt zur Tür herein – allein. »Sophia, Gott sei Dank, daß du da bist. Wo ist Mutter?« stürmt ihr Rose aufgeregt entgegen.
»Sie fühlt sich prächtig, sie wollte unbedingt noch Jai Alai probieren, dieses spanische Ballspiel.«
»Warum bist du nicht mitgegangen?« erkundigt sich Dorothy interessiert.
»Ich bin zu klein für Jai Alai.«
»Sophia«, steigert sich Rose zu einem anklagenden Tonfall, »wieso läßt du meine Mutter mitten in einer fremden Stadt allein umherwandern?«
»Sie wandert weder hin noch her. Sie hat einen Busplan, vierhundert Dollar und ein spanisch-englisches Wörterbuch.«
»Ich darf gar nicht daran denken, daß meine Mutter in einem stinkigen alten Bus rumfährt, wo man sie belästigt und rumschubst, wo feindselige Teenager mit ungepflegten Haaren rumhängen und sie vielleicht noch ausrauben.« Roses Minenspiel

verrät, daß sie die Szenerie plastisch vor Augen hat.

»Rose, jetzt hör mal zu. Du übertreibst maßlos«, will Dorothy die Tatsachen zurechtrücken. »Deine Mutter ist kein hilfloses Kind, sondern eine aktive, vitale Frau, die sehr gut auf sich selbst aufpassen kann.«

Das Telefon klingelt, und natürlich ist es Rose, die mit einem Sprung sofort den Hörer in der Hand hat: »Hallo? ... Ja, das ist sie ... o mein Gott ... Ja, ich hab verstanden. Ich bin gleich da.« Sie legt auf und schnappt sich wortlos ihre Schlüssel.

»Was ist denn los, Rose?« fragen jetzt Sophia und Dorothy besorgt.

»Das war die Polizei«, erklärt Rose ernst und schaut, als hätten sich ihre schlimmsten Befürchtungen erfüllt.

»Ist was mit deiner Mutter? Sag schon!«

»Es geht ihr gut. Sie ist auf der Polizeiwache, denn sie haben meine vitale, aktive Mutter aufgelesen. Sie hatte sich verlaufen und die Orientierung verloren. Na, was habt ihr dazu zu sagen?«

»Rose, beruhige dich«, beschwört Dorothy ihre Freundin, doch die ist kurz angebunden: »Ich muß jetzt gehen.«

»Ich komme mit«, bietet Dorothy an.

»Nein, danke. Du hast mir bereits mehr als genug geholfen«, versetzt Rose schnippisch und stürmt aus dem Zimmer.

»Ich hoffe bloß, Alma geht es gut.« Auch Sophia klingt nun ein wenig beunruhigt.

»Mach dir um Alma keine Sorgen. Sie ist ein zähes, altes Weibsstück.«
Kurz darauf schaut Blanche vorbei und wirft sich vor den beiden stolz in Positur: »Schau mich an, Dorothy. Ich habe die Zeiger der Zeit zurückgestellt. Seit Dirk mich eingeladen hat, habe ich zehn Jahre abgeworfen. Mein Gesicht ist glatt, mein Körper straff und mein Getriebe schnurrt.«
»Blanche«, wagt Dorothy einzuwerfen, »ungeachtet dessen, was du mit deinem Gesicht, deinem Körper und deinem ›Getriebe‹ machst, dein Alter bleibt dasselbe.«
»Na und ob. Schwerkraft verlangt ihren Tribut«, Sophia spricht da aus Erfahrung. »Sieh mich an. Ich war einmal groß, sinnlich, blond, mit einem knackigen Hintern wie aus Granit.«
Dieser Realismus läuft bei Blanche ins Leere: »Denkt ihr etwa, er sieht mich an und erblickt eine alte Frau? Er sieht eine junge, vibrierende, leidenschaftliche Zeitgenossin.«
»Blanche, bis jetzt bist du überhaupt noch nicht mit ihm ausgewesen.«
»Aber in dieser Hinsicht ist mein Instinkt unfehlbar. Glaubt mir, ich kenne die Männer.«
»Da kann wohl niemand widersprechen«, kann Dorothy gerade noch bestätigen, da klingelt es an der Tür.
»Ein Ehemann wie Dirk könnte mich weitere zwanzig Jahre jung halten«, weiß Blanche, die sich aufmacht, dem heißersehnten Besucher zu öffnen.

»Oder dich umbringen«, ruft ihr Sophia skeptisch hinterher.
Blanche öffnet Dirk die Tür und erntet einen bewundernden Blick: »Wow, du siehst großartig aus.«
»Danke sehr. Ich hatte noch nicht einmal Zeit Make-up aufzulegen. ... Dirk, würdest du in deinem Wagen auf mich warten? Ich bin in einer Minute fertig.« Dirk nickt zustimmend und geht folgsam zum Auto.
»Der Mann hat ›großartig‹ gesagt. Ich werde ewig leben«, jubiliert Blanche.
»Nicht außerhalb einer Tiefkühltruhe«, kommentiert Dorothy trocken.

2. Akt

1. Szene

Küche – später

Dorothy sitzt unter dem Spülbecken und macht sich am Abfluß zu schaffen, Sophia beobachtet kritisch die Handwerkskünste ihrer Tochter: »Bist du bald fertig?«
»Ja, aber ich werde nicht mehr hervorkommen. Das ist der einzig friedlich-ruhige Ort, den ich in den letzten beiden Tagen hatte. Blanche denkt, sie sei Peter Pan, und Rose ist Mamas Liebling geworden.« Entgegen ihrer Ankündigung krabbelt sie dennoch unter dem Becken hervor.

»Und du denkst, du wärst Doro, der Oberklempner!«
»Ich hab uns gerade fünfzig Dollar erspart.« In Dorothys Stimme liegt ein Anflug von beleidigtem Stolz.
»Gut. Das ist der Ersatz für das, was ich auf der Rennbahn verloren habe.«
Da kommt Rose nach Hause zurück, mit Alma im Schlepptau. Die beiden sind mitten in einer heftigeren Auseinandersetzung: »Mutter, bitte!«
»Und ich sage dir noch einmal, die hatten kein Recht mich abzuschleppen. Ich habe mich nur bei einem Polizisten nach dem Weg erkundigt, und die bringen mich gleich auf die Wache.«
»Er wollte dir doch nur helfen, Mutter.«
»Ach ja, und du kommst hin und schimpfst mich vor allen Leuten aus wie ein kleines Kind.«
Doch Rose ist sich offensichtlich keiner Schuld bewußt. »Es hat wirklich keinen Sinn, mit dir zu reden, wenn du dich so aufführst«, weist sie ihre Mutter zurecht. »Überschlaf das zuerst einmal eine Nacht, dann bist du wieder friedlicher. Wir reden morgen früh weiter.«
»Morgen früh bin ich nicht mehr da.«
»Was?« Rose kann ihr Erstaunen nicht verbergen.
»Ich fahre mit dem ersten Zug nach Houston. Bei deinem Bruder wird es mir besser gehen als bei dir, da bin ich sicher.« Und ohne ihre Tochter noch eines Blickes zu würdigen, begibt sich Alma in ihr Schlafzimmer. Rose geht hinterher: »Ich helfe ihr beim Packen. Und dann seh ich mal, ob ich was von ihren vierhundert Dollar gewinnen kann, bevor sie abreist.«

Dorothy, die bislang stets die Partei Almas ergriffen hat, legt nun ihren Arm um Rose: »Rose, sie ist nur ein bißchen verärgert. Sie hat es bestimmt nicht so gemeint.«
»Wie kann sie denn so mit mir reden? Ich kümmer mich doch nur um sie.«
»Darf ich dir mal was sagen? So von einer Tochter zur andern?« beginnt Dorothy versöhnlich. »Erinnerst du dich, als wir noch Teenager waren? Was haben wir uns da von unsern Müttern am meisten gewünscht?«
»Einen Trainings-BH?«
»Auch das, und als zweites?«
»Die Erlaubnis, uns die Beine zu rasieren?« Rose ist offensichtlich ahnungslos.
»Also gut, keine Fragen und keine Antworten mehr. Wir wollten wie Erwachsene behandelt werden. Und jetzt, wo wir älter werden, machen wir's genau umgekehrt und behandeln unsere Mütter wie kleine Mädchen. Deine Mutter will wie eine erwachsene Frau behandelt werden. Das ist doch wirklich nicht zu viel verlangt.«
Rose überlegt kurz und verläßt dann den Raum.

2. AKT
2. Szene

Roses Schlafzimmer

Alma packt inzwischen in Roses Schlafzimmer ihre Koffer. Sophia mischt Karten: »Na also, ich hab einen Buben ... Ja gut, du hast eine Königin. Okay, ich schulde dir vierzig Dollar.«
Rose kommt ins Zimmer und schaut sich unsicher um: »Sophia, würdest du uns mal entschuldigen?«
»Ich muß jetzt leider gehen. Und ich schulde dir nichts mehr«, ergreift Sophia die gute Gelegenheit.
»Wer sagt das«, empört sich Alma.
»Die Hausordnung.«
»Okay«, geht Alma auf die kleine Schummelei ein, und Sophia verläßt das Zimmer.
Rose verliert nicht viel Zeit, um loszuwerden, was sie auf dem Herzen hat: »Mutter? Mach ich dich wirklich unglücklich?«
»Ja«, antwortet Alma bestimmt, »das tust du, mein Kind. Ich weiß, du machst es nicht absichtlich, aber du tust es.«
»Dann verzeih mir bitte. Willst du nicht dableiben und mir noch eine Chance geben?«
»Ich weiß nicht, Rosie.« So leicht ist Alma nicht mild zu stimmen.
»Aber ich bitte dich darum. Ich weiß ja, ich mach dich verrückt, aber doch nur, weil ich dich lieb habe.« Rose stockt, um die richtigen Worte zu finden, ihre Gefüh-

le zu erklären. »Als Daddy starb, da hab ich gedacht, ich würde nie darüber hinwegkommen. Und Charlie, na ja ... Es vergeht kein Tag, an dem ich nicht an ihn denke. Und jetzt, wo du älter wirst, hab ich Angst, auch dich zu verlieren. Das ist der ganze Grund, warum ich soviel Aufhebens um dich mache.«

»Ja, aber... Rosie, daß du mich nicht leben läßt, wird mich nicht vom Sterben abhalten können«, erwidert Alma ohne Pathos und nimmt ihre Tochter in die Arme.

»Ach, schon den Gedanken daran könnte ich nicht ertragen.«

»Dann hör auf, darüber nachzudenken. Laß uns die Zeit genießen, die uns noch bleibt.«

2. Akt

3. Szene

Küche – Nur Augenblicke später

Das andere Mutter-Tochter-Paar, Sophia und Dorothy, hat sich inzwischen in die Küche zurückgezogen.

»Vorsicht Ma, das ist mein bestes Porzellan. Du hast es mir zur Hochzeit geschenkt, weißt du noch?«

»Wie könnte ich das vergessen. Ich hab es den ganzen Weg von Sizilien hierher gebracht. Und wozu? Damit du dich scheiden läßt. Ich hätte besser was mitbringen sollen, was man zurückgeben kann. Einen Esel zum Beispiel.«

»Mit diesen Schüsseln und Tellern hab ich mich durch eine Menge schöner Zeiten gefuttert.«

»Ja. Weißt du, seit Alma da ist, hab ich viel über uns nachgedacht.«

»Hast du?« fragt Dorothy und gibt sich eher uninteressiert, um die nachdenkliche Stimmung des Gesprächs zu überspielen.

»Es gibt da etwas, was ich dir nie gesagt habe.« Und nach einer kurzen Pause: »Du machst eine Menge falsch.«

»Danke, Ma. Du aber auch«, zahlt Dorothy mit gleicher Münze zurück.

»Na ja, aber etwas, was du nicht falsch machst, du behandelst mich nie wie eine alte Dame. Du behandelst mich wie einen Menschen. Und dafür bin ich dir dankbar. Du bist eine gute Tochter, Dorothy.«

»Ich bin überwältigt. Ich weiß gar nicht, was ich sagen soll.«

»Du weißt schon, was du sagen könntest«, gibt Sophia dem Gespräch wieder eine realistische Wendung. »Du könntest sagen, daß ich dir keine fünfzig Mäuse mehr schulde.«

»Du bist eine verrückte Lady. Ich liebe dich.« Lachend küßt Dorothy Sophia auf die Wange.

»Ich liebe dich auch, Schmusekätzchen.«

2. Akt
4. Szene

Restaurant – abends

Ein erstklassiges Restaurant ist die Szenerie für das erste Diner von Blanche und Dirk. Blanche gibt mit der Routine des Gourmets ihre Bestellung auf: »Ich glaube, ich nehme die Schnecken, die Ente à l'orange und einen gemischten Salat mit Cheddar-Sauce.«
»Und ich den Brunnenkresse-Salat mit zwei Schnitz Zitrone.«
»Hört sich phantastisch an«, Blanche hört sich allerdings nicht ganz ehrlich an. »Das hab ich auf meiner Speisekarte gar nicht gefunden.«
»Ich nehme dasselbe.« Der Kellner nimmt die Speisekarten wieder an sich und geht mit leicht hochgezogenen Augenbrauen davon.
»Ist es nicht hübsch hier«, schwärmt Blanche, »es ist eines meiner Lieblingsrestaurants.«
»Ich stehe mehr auf Makrobiotisches.«
»O ja, ich auch. Aber ich mag die Atmosphäre. Manchmal nehm ich mir Makrobiotisches mit und esse es dann hier.«
»Yeah. Wow!« Dirk klingt begeistert, und Blanche kann nicht so recht begründen, warum.
»Was hast du eigentlich gemacht«, beginnt sie das Gespräch erneut, »bevor du mit dem Aerobic-Unterricht angefangen hast?«
»Ich hab in einem Museum gearbeitet.«

»Was, wirklich?« Blanche quittiert diese erste Gemeinsamkeit mit einem freudigen Lächeln. »Ich arbeite auch in einem Museum. Ich liebe Kunst.«
»Ich auch. Es macht Spaß, sie zu stemmen.«
»Wie bitte?«
»Ich hab die Lastwagen abgeladen. Ich weiß auch nicht wieso, aber das Hochhieven der Statuen hat meine Muskeln in Höchstform gebracht.« Und um diese Aussage zu unterstreichen, beginnt Dirk, den Tisch anzuheben.
»Ach ja, das ist faszinierend. Laß ihn runter, Liebling ...«
Widerstrebend setzt der junge Mann das Möbel wieder ab. »Und hast du in letzter Zeit interessante Bücher gelesen?« fährt Blanche ohne große Hoffnung fort.
»Ja, ›Der Mann mit den Eisenmuskeln‹. Ich hab auch den Film gesehen, aber ich finde, er wird dem Buch nicht gerecht.«
»Wie denn auch«, gibt Blanche mit hilflosem Lächeln zurück.
Dirk wendet sich den wirklich interessierenden Themen zu: »Ich bin wirklich gern mit dir zusammen.«
»Oh, vielen Dank, Dirk.«
»Ich mag deine Stimme. Und dein Aussehen.«
»Das ist wirklich nett von dir, Dirk.« Blanche kichert geschmeichelt.
»Ja, du erinnerst mich an meine Mutter. Sie lebt in Seattle, und ich hab sie jetzt drei Jahre nicht mehr gesehen. Aber wenn ich mit dir zusammen bin, dann fühl ich mich so wie zu Hause bei meiner Mutter.«

So genau wollte Blanche es dann doch nicht wissen. Resolut winkt sie den Ober herbei: »Streichen sie für mich die Wasserkresse. Ich nehme die Ente und einen doppelten Jack Daniels mit Eis.« Und als die Bestellung aufgenommen und der Ober gegangen ist, kommt sie auf das Wesentliche: »Also Dirk. Was hast du noch gestemmt in letzter Zeit?«

2. Akt
5. Szene

Küche – nachts

Es ist später Abend. Die Golden Girls sitzen mit Alma in der Küche. Rose und Dorothy machen den Abwasch, Sophia und Alma spielen Siebzehn und vier. Alma hat gerade vier Salzstangen gewonnen, die sie zu ihrem Haufen auf den Tisch legt.
»Na los, noch ein Spiel«, ermuntert Sophia ihre Gegnerin und beginnt, die Karten erneut zu mischen.
»Ich bin ein bißchen müde, Sophia. Ich würde mich gerne hinlegen... laß mal sehen... « Sie beginnt, ihre Salzstangen zu zählen. »Jede ist einen Dollar wert, nicht wahr? Ich glaube, das sind zwanzig, ja dreißig Stück.«
Mißmutig zerbröselt Sophia die Salzstangen mit der Faust: »Jetzt ist es nur noch Staub. Der ist gar nichts wert.«

»Ma, sei kein so schlechter Verlierer«, mischt sich Dorothy ein, »du schuldest ihr dreißig Dollar.«
»Ja, du hast recht, Dorothy. Ich habe Schimpfe verdient. Bezahl sie.«
»Kinder«, versucht Rose die Streithähne abzulenken, »es ist ja schon so spät. Ich würde zu gern wissen, wie die Verabredung von Blanche gelaufen ist.«
»Ich bin da eher ein bißchen besorgt«, Dorothy geht erleichtert auf den Themenwechsel ein.
»Ich auch. Ich glaube, das geht nicht gut mit diesem Jüngling.«
»Mir macht das Ausgehen mit jüngeren Männern nichts aus. Das einzige ist, daß ihre Erwartungshaltung zu hoch ist.«
»Du meinst«, fragt Rose erstaunt, »du findest das mit Blanche in Ordnung?«
»Wieso nicht? Was soll da Schlimmes dran sein? Hab ich doch auch schon gemacht.«
Rose ist jetzt wirklich schockiert: »Du? Du bist mit einem Jüngeren gegangen?«
»Ja, natürlich. Als sich Stan und ich getrennt hatten, ging ich nochmal auf die Schule für meine Lehrerlaubnis, und da hab ich einen sympathischen, jungen Pädagogikstudenten aus Saudi-Arabien kennengelernt. Wir studierten miteinander, und schließlich gingen wir miteinander. Ich machte ihn mit Baseball und Barbara Streisand bekannt und er mich mit Couscous und ein paar Dingen, die dich nichts angehen. Es war sehr schön, solange wie es gehalten hat.«

»Ich persönlich kann auch nichts Unrechtes daran finden, mit einem jüngeren Mann auszugehen«, schaltet sich jetzt auch Alma ein. »Die drei Jahre, die ich mit Ben verbracht habe, waren die glücklichsten meines Lebens.«

Rose bringt nur noch ein ungläubiges: »Mutter!« hervor.

»Nachdem Daddy starb und ihr Kinder ausgezogen wart, konnte ich das Haus nicht mehr allein in Schuß halten. Also hab ich mir einen Helfer angeheuert. Das war ein netter junger Mann. Besonders meine Kochkünste hat er sehr gelobt. Ich glaube, im Gefängnis bekam er nie was Gescheites zu essen.«

Rose glaubt sich verhört zu haben. Ratlos schaut sie in die Runde, doch Alma fährt ungerührt fort: »Jedenfalls haben wir unsere Zeit richtig genossen. Ich war ziemlich einsam damals, und es war schön, jemanden zu haben, mit dem man reden konnte. Irgendwann ist er dann bei mir eingezogen. Ich wäre über die schwere Zeit ohne Ben nicht hinweggekommen. Als es vorbei war, war's eben vorbei. Aber es war für uns beide ein Segen, daß wir uns kennengelernt hatten.«

»Mutter, wie konntest du nur? Ein Herumtreiber, ein Ex-Sträfling! Nein nein, tut mir leid. Du sagtest, er hat dich glücklich gemacht. Und das ist das einzige, was zählt. Ich bin sicher, für einen vagabundierenden Ex-Sträfling war er sehr nett.«

»Danke schön, Rosie. Ich denke, ich geh jetzt schlafen. Gute Nacht.«

Sophia schnappt sich die Karten: »Ich komme mit. Ich bring die Karten. Ach, da fällt mir ein, Alma, hat dir dieser Ben das Kartenspielen beigebracht?«

»Ja, das hat er«, lächelt Alma verschmitzt. »Und er hat mir auch beigebracht, wie man aus einem Stück Seife eine Pistole macht.«

Sophia schmeißt die Karten wieder auf den Tisch und geleitet Alma aus dem Zimmer.

»Meint ihr«, erkundigt sich Rose ernsthaft bei Dorothy, »daß uns unsere Kinder gerne um sich hätten, wenn wir so alt wären wie die beiden?«

»Rose, sie werden es uns nicht wissen lassen. Hallo, Blanche!« begrüßt sie ihre Freundin, die in diesem Augenblick nach Hause kommt.

»Ich will nicht darüber reden.«

»Natürlich nicht, aber was ist passiert«, verbindet Dorothy Hartnäckigkeit mit Eleganz.

»Meine Verabredung mit Dirk war ein Desaster. Er ist auf der Suche nach einer Mutter, nicht nach einer Geliebten. Es war erniedrigend.«

»Ich finde das süß«, tröstet Rose.

»Ja, bitte schön, Betty Crocker. Tut mir leid, Rose. Aber ich bin ziemlich niedergeschlagen. Zum ersten Mal in meinem Leben fühle ich mich über vierzig.«

»Und weißt du auch wieso, Liebes?«

»Wieso?«

»Weil du über fünfzig bist«, erklärt Dorothy freundlich.

»Na, und wie ich das weiß. Über fünfzig und im Abseits.«

»Blanche, Alter ist im Grunde nichts anderes als ein Gemütszustand.«
»Sag das mal meinen Hüften«, Blanche schaut in komischer Verzweiflung an sich herab. »Ach, ich wäre am liebsten tot. Ich kann das einfach nicht ertragen.«
»Und ich schon gar nicht. Du hast ein gutes Aussehen, deine Gesundheit, ein paar Piepen auf der Bank und Freunde, die dich lieben. Das ist verdammt nochmal mehr, als die meisten Menschen besitzen. Und ich werde keine Sekunde länger hierbleiben, um mir anzuhören, wie leid du dir tust... und Rose auch nicht.«
»Ja«, bestätigt Rose, etwas unsicher.
Dorothy schnappt sich Rose, und beide gehen hinaus. Für kurze Zeit ist Blanche schockiert. Doch dann denkt sie über das Gehörte nach, und langsam erscheint ein Lächeln auf ihrem Gesicht.

Liebe unterm Zirkuszelt

Die Autoren Tracy Gamble und Richard Vaczy haben das Kunststück fertiggebracht, aus den Ungerechtigkeiten des Justizsystems, den Sorgen um die Umwelt, dem Karrierewechsel im Herbst des Lebens und den Problemen einer reifen Romanze ein außerordentlich kompliziertes Geflecht zusammenzufügen, wobei sie mit großem Geschick vorgegangen sind und es sich versagt haben, schwer Vereinbares mit Gewalt zurechtzubiegen.

Die immer zufriedene Rose, sonst eher das Heimchen am Herd, wirft ihre von Harmoniesucht geprägte heimische Gemütlichkeit plötzlich über Bord und stürzt sich in ambitionierte Aktivitäten zugunsten notleidender Delphine: »Du hast den Delphin doch gesehen, Blanche! Er war vollständig verwickelt und verstrickt in dem Netz des Thunfischdampfers. Tausende von ihnen kommen jedes Jahr auf diese Weise um. Da müssen wir etwas unternehmen!« Auch Blanche tritt den Freunden der Meeressäugetiere bei und begleitet Rose bei ihrem Protest. Die beiden begeben sich tatsächlich in die Docks, in den Höllenodem des Fischereihafens. Wobei sich Blanche gleichermaßen

selbst überrascht, denn eigentlich hatte sie sich den Protest gegen Tod und Tierquälerei ein wenig anders vorgestellt: »Ich habe nicht erwartet, Tafeln auf irgendeinem finsteren Dock rumzutragen. Ich hatte mehr an eine Wohltätigkeitsparty gedacht. Mit chinesischen Lampions und portugiesischen, nein, spanischen Kellnern in engen, schwarzen Hosen. Ich dachte, wir würden eine Band anheuern, die in hautengen Schuppen- und Piratenkostümen, unter denen die Muskeln spielen, Fischerlieder singen.«
Auch Sophia denkt über das Lebenselement der Fische nach und gibt ihren Senf zur christlichen Seefahrt mit ihren Erinnerungen an die eigene Überfahrt nach Amerika als junge Emigrantin: »Da waren wir nun. Eine müde, arme, zusammengepferchte Masse, die Marinaden aus einer Büchse löffelte. Es war die Hölle. Und dann die Unterhaltung. Ein Kerl aus Palermo hatte sein Akkordeon vergessen, und nun saß er da, sang ›O sole mio‹ und zwickte einen Affen.«
Dorothy quälen ganz andere Sorgen. Sie grübelt über eine keimende Romanze mit Ken nach, einem der erfolgreichsten Anwälte von Miami, der seines Berufs müde geworden ist und eine komplette berufliche Kehrtwendung vollziehen will. Er hat sich entschlossen, Zirkusclown zu werden.
Dieser Ken ist die Quelle großer Heiterkeit, repräsentiert aber auch die seltene Ausgabe eines Anwalts, der noch Ideale hat und sich weigert, weiterhin als gutgeschmiertes Rädchen in einem beschönigenden System mitzuwirken. Und wenn er auch weiß, daß sein

Job in Wirklichkeit mit Gerechtigkeit wenig zu tun hat, weigert er sich doch, seinen rosaroten Idealismus früherer Jahre einfach zu verleugnen: »Ich war auf der Uni, damit ich für die kleinen Leute kämpfen kann. Und jetzt kämpfe ich für multinationale Konzerne.«

Und nun glaubt Ken fest daran, daß er dieser Welt in großen, roten Schuhen mit einer Propellerfliege und einem kleinen Regenschirm, der ihn naß macht, wesentlich mehr zu bieten habe als in der Anwaltsrobe. Seinen letzten Auftritt vor Gericht hat er dann doch im Clownskostüm, wo er als Rächer der Delphine Blanche und Rose aus der Klemme hilft.

Diese hübsche Geschichte, die uns einmal mehr beweist, daß eine Romanze im fortgeschrittenen Lebensalter mit den totalen Umstellungen aller Lebensgewohnheiten keine unmögliche Verbindung ist, führt aus der fröhlich lärmenden Häuslichkeit der Golden Girls hinaus in den Gerichtssaal und die Docks.

Besetzung

Dorothy, Rose, Blanche, Sophia, Ken, Richter, Fischer

1. Akt

1. Szene

Wohnzimer – früher Abend

Rose und Blanche haben den Tag auf dem Wasser verbracht und kehren nun, es ist früher Abend, bestens gelaunt nach Hause zurück. Blanche steckt noch in ihrer Segelkleidung, als sie im Wohnzimmer auf Sophia trifft: »Hi, Sophia. Mann, ich sag dir, es gibt nichts Belebenderes, als mal die Zeit auf einem Dampfer zu verbringen.«

»Ach ja? Nicht, als ich nach Amerika kam. Stellt euch das Bild vor. Da waren wir nun. Eine müde, arme, zusammengepferchte Masse, die Marinade aus einer Büchse löffelte. Es war die Hölle. Und dann die Unterhaltung. Ein Kerl aus Palermo hatte sein Akkordeon vergessen, und nun saß er da, sang ›O sole mio‹ und zwickte einen Affen.«

Diese eher unromantische Replik bringt Blanche zum Lachen: »Aber Sophia...«

»Was heißt Sophia? Es war die schlimmste Zeit meines Lebens. Wenn wir uns nicht ein paar Spielchen ausgedacht hätten, wären wir verrückt geworden.«

Mittlerweile hat auch Rose den Weg ins Wohnzimmer gefunden. Sie begrüßt Sophia und wird von Blanche auf den Stand der Dinge gebracht: »Ich erzählte ihr gerade, was für einen wunderschönen Tag wir erlebt haben.«

»Wunderschön? Von wegen! Du hast den Delphin doch gesehen, Blanche.« Rose ist jetzt die Empörung selbst. »Er war vollständig verwickelt und verstrickt in dem Netz des Thunfischdampfers. Tausende von ihnen kommen jedes Jahr auf diese Weise um. Da müssen wir etwas unternehmen!«

»Ja, ich gebe dir absolut recht«, pflichtet Blanche erheblich weniger kämpferisch bei: »Von diesem Augenblick an esse ich keinen Thunfisch mehr.«

»Blanche, du kannst doch Thunfisch nicht ausstehen.«

»Also gut. Ich lasse keinen Mann an mich ran, der ein Thunfischer ist.«

Bevor die Frage entschieden werden kann, ob diese Umwelt-Schutzmaßnahmen radikal genug sind, gesellt sich Dorothy zur Runde. Im Gegensatz zu Blanche und Rose jedoch nicht im sportlichen Freizeitlook, sondern im besten Fummel und schmuckbeladen: »Hi, Girls. Findet ihr, daß die Perlen dazu passen?«

»Ach Liebes«, flötet Blanche mit treuherzigem Augenaufschlag, »Perlen passen zu allem, vom ausgefallensten Kleid bis zu... na ja, bis zu diesem Fummel. Du hast wieder eine Verabredung mit Ken, stimmt's? ... Oh, Sophia, mit der drehen wir alle noch durch.«

»Und ich dachte«, murmelt Sophia verwundert, »mir dreht sich alles im Kopf von dem Spritzer Vino in meiner Limo.«

»Seit wann tust du Wein in deine Limonade?« will Rose verwundert wissen.
»Mach ich ja gar nicht. War nur Spaß. Haha.«
»Dein Ken ist wirklich der stärkste Fang, der dir je ins Netz gegangen ist, Dorothy. Diesmal bin ich direkt neidisch.« Blanche klingt absolut ehrlich.
»Dazu hättest du ja auch allen Grund. Der Mann ist großartig. Er hat Geld und Klasse. Ich würde mich sehr für dich freuen, Dorothy. Aber ich geb dir einen Rat als Mutter: Mach's nicht wieder kaputt!«
»Ma, ich habe nicht die geringste Absicht, diese Beziehung zu zerstören. Nein, Ken ist ... perfekt. Mal abgesehen davon, daß er einer der erfolgreichsten Rechtsanwälte von Miami ist.« Dabei klopft Sophia vorsichtshalber auf die hölzerne Platte des Wohnzimmertisches. »Dankeschön, Ma. Ach, der Mann ist so liebevoll, so empfindsam. Weißt du, daß er am Wochenende in ein Clownkostüm schlüpft, um den Kindern im Krankenhaus eine Freude zu machen? Was könnte ich von einem Mann wohl mehr verlangen?«
In diesem Augenblick klingelt es, Dorothy öffnet, und vor der Tür steht Ken Whittingham. »Dorothy!« haucht er, und sie, »Ken, Liebster, wie ist der Tag heute für dich gelaufen?«
»Na ja, mein Magengeschwür ist nicht aufgebrochen, und ich gehe jetzt mit dir essen. Der Tag ist super!«
Dorothy hat Ken mittlerweile ins Wohnzimmer geführt, wo er von den Girls mit großem Hallo begrüßt wird. »Sag mal, Kenny«, will Sophia wissen, »was macht ein so netter Junge wie du überhaupt mit Ma-

gengeschwüren? Du hast einen gutbezahlten Job und ein Mädchen, das alles für dich tun würde. Stimmt doch, Dorothy, oder nicht?«

»Ich fasse die Antwort mal zusammen mit ›macht's gut, Kinder!‹« antwortet Dorothy für Ken und gibt damit gleichzeitig das Signal zum Aufbruch.

»Und keine Sorge, Mrs. Petrillo, ich bring Ihnen Ihr kleines Mädchen zu einer akzeptablen Zeit wieder heim.«

»Völlig unnötig, habt nur Spaß, Kinder. Ich warte bestimmt nicht auf euch. Hauptsache, sie ist Dienstag wieder da, dann fragt keiner nach«, ruft Sophia den beiden hinterher. Dann schaut sie ihre Freundinnen nachdenklich an und murmelt prophetisch: »Paßt auf, sie wird alles wieder ruinieren, ich fühle das.«

1. Akt
2. Szene

Küche – einige Tage später

Einige Tage sind seitdem vergangen. Aus dem flüchtigen Kokettieren mit der Sache der Delphine ist aktives Engagement geworden. Rose trommelt am Telefon die Teilnehmer für eine öffentlichkeitswirksame Aktion zusammen.: »Okay, Paul«, beendet sie gerade ein Gespräch, »wir sehen uns bei der Demo an Pier

fünf. Ich sage dir, der Delphin wird uns dankbar sein.« Und zu Blanche, die zum selben Zweck Rundbriefe zuklebt: »Ach, ist das nicht aufregend? So richtig bei einem Protest mitzumachen? Als freier Amerikaner aufzustehen und unter Wahrung unserer Rechte zu sagen: ›Wir sind wütend bis zur Weißglut, und wir lassen uns das nicht mehr gefallen!‹«
»Ich hab keine Spucke mehr. Kann ich jetzt gehen?« Blanches Elan der ersten Stunde hat bereits etwas gelitten.
»Was, zwanzig Umschläge und du gibst schon auf? Blanche, wir hatten einen guten Grund den ›Freunden der Meeressäugetiere‹ beizutreten. Du bis viel zu unmotiviert.«
»Wieso, als ich dem Club für Säugetiere mit Wassernasenlöchern beigetreten bin, hab ich nicht erwartet, Tafeln auf irgendeinem finsteren Dock rumzutragen. Ich hatte mehr an eine Wohltätigkeitsparty gedacht. Mit chinesischen Lampions und portugiesischen, nein, spanischen Kellnern in engen, schwarzen Hosen. Ich dachte, wir würden eine Band anheuern, die in hautengen Schuppen- und Piratenkostümen, unter denen die Muskeln spielen, Fischerlieder singen.«
»Na siehst du, jetzt ist dir der Mund wieder wässrig geworden. Leck weiter.«
Inzwischen sind auch Sophia und Dorothy nach Hause zurückgekehrt. Zur Unterstützung der beiden Aktivistinnen haben sie Lebensmittel eingekauft, die sie nun verstauen.

»Ihr zwei seid aber früh zurück«, wundert sich Blanche.
»Ja, und zwar aus gutem Grund. Ken hat da vorhin noch angerufen. Er sagte, er müsse mit Dorothy über etwas sehr Wichtiges reden.«
»Dorothy!« Rose ist zu aufgeregt, um die ganze Tragweite dieser Mitteilung weiter auszuführen.
Das erledigt Blanche für sie: »Mein Gott, Dorothy, er wird dir die Frage stellen.«
»Ach, ich weiß nicht...«, dämpft Dorothy, ein wenig verlegen, die Begeisterung der Girls.
»Natürlich weißt du es«, besteht Blanche auf ihrer Interpretation der Sachlage. »Was sollte es sonst sein? Ach Liebes, ich gratuliere.«
»Hey, du bist ja aufgeregter als ich.«
»Wieso auch nicht? Denk doch nur, mit einem erfolgreichen Anwalt zu leben! Ein Sommersitz, bezaubernde Gesellschaftskreise, plötzliche Europatrips aus heiterem Himmel, Begegnungen mit rassigen Römern, die dir in den Hintern kneifen. Mann, hast du ein Glück, Mädchen. Dorothy, ich hasse dich.«
»Was du da nicht alles sagst. Ich meine, wir kennen uns doch erst drei Monate. Ich hab noch nicht einmal im Traum daran gedacht, wie es sein könnte, wenn ich... Mrs. Kenneth Whittingham wäre.« Und beim Gedanken an diese offenbar doch erträumte Zukunft umspielt ein gedankenverlorenes Lächeln ihre Züge.
»Klingt nicht schlecht«, muß auch Sophia zugeben.
In diesem Moment klingelt der heißersehnte Gast an der Tür, und Dorothy beeilt sich, ihm zu öffnen.

»Mach auf, Schmusekätzchen«, ruft ihre Mutter, »und vergiß nicht, du und ich, wir sind ein Ensemble.«

1. Akt
3. Szene

Wohnzimmer – Tag

Kaum hat Dorothy die Tür geöffnet, nimmt Ken sie zärtlich in die Arme und küßt sie. »Liebling, ich bin ganz aufgeregt«, gesteht er ihr anschließend.
»Ach ja?«
»Ja, ich habe eine wichtige Entscheidung getroffen.«
»Oh.« Dorothy hat ein wenig Mühe, Überraschung zu zeigen.
»Es ist eine Entscheidung, die uns beide betrifft.«
»Oh!«
»Setz dich. Schließ die Augen, dann geb ich dir einen Tip ...«
»Ja gut, okay.« Dorothy tut, worum sie gebeten worden ist. Vorsichtshalber streckt sie schon einmal ihren Ringfinger in Richtung Ken aus ... und wartet. Aus seiner Tasche holt Ken allerdings nicht, wie erwartet, einen Verlobungsring, sondern einen kleinen roten Ball, und steckt in sich auf die Nase. »Nun?« fragt er sie ernst, »kannst du meine Entscheidung erraten?«

Dorothy öffnet ihre Augen. »Du willst ein Ire werden«, kann sie ihre Enttäuschung nur mühsam verbergen.
»Nein«, lacht Ken, »aber ein Clown. Ich gehe zum Zirkus als Clown.«
»Ken, ist das nicht etwas übereilt? Etwas sonderbar und, äh, etwas plötzlich?«
»Durchaus nicht«, Ken ist sich seiner Sache ganz sicher. »Ich mache das seit Jahren auf den Kinderstationen in Krankenhäusern. Es war einer der beiden hellsten Punkte in meinem Leben. Das und du, Dorothy. Ich habe siebzig Stunden die Woche geanwaltet, seit ich fünfundzwanzig war, und so was kann einen Mann durchaus verändern.«
»Ja, aber du bist doch sehr erfolgreich«, widerspricht Dorothy kläglich.
»Ich bin aber auch sechzig und fühle mich ziemlich erbärmlich. Ich habe Jura studiert, um für den kleinen Mann zu kämpfen. Und jetzt kämpfe ich für multinationale Konzerne. Das hat mich erschöpft. Ich erwische mich dabei, wie ich ins Badezimmer schleiche, um Giraffen aus Luftballons zu machen. Dorothy, ich hoffe auf dein Verständnis dafür. Ich habe in letzter Zeit viel nachgedacht, und ich glaube, wir sind beide auf lange Zeit damit verknüpft. Dorothy, das wird eine sehr tiefe Beziehung.« Er küßt Dorothy zärtlich, die sich langsam erst auf die unerwartete Wendung der Dinge einstellen kann: »Ich komme mir vor wie eine Jungfrau. Wo gehören diese Kugelnasen hin?«

»Entschuldige«, Ken nimmt den Ball von der Nase.
»Also, was sagst du?« will er, ganz begeistert von der neuen Lebensperspektive, wissen, »bist du auf meiner Seite?«
Dorothys »Ja, natürlich« klingt dagegen wenig überzeugt.
»Das finde ich großartig«, Ken hat Dorothys zweifelnden Zwischenton offensichtlich überhört. »Das sollten wir feiern. Ich gehe mit ein paar Freunden vom Zirkus zum Essen. Kommst du mit?«
»Gut. Dann hol ich mir eben nasse Füße.« Dorothy schnappt sich kurzentschlossen ihren Pulli, und die beiden Verliebten machen sich auf den Weg zur Tür. Dort allerdings bleibt sie noch einmal zögernd stehen: »Ach, ähm, Ken... da gibt es nicht so etwas wie ein Dutzend winziger Hunde, die auf den Hinterbeinen hüpfen und komische Hüte tragen, oder?«
»Hahaha, das wünschte ich mir«, lacht Ken.

1. Akt
4. Szene

Wohnzimmer – am nächsten Tag

Einen ganzen Tag lang hat Blanche ihre Neugier bezähmen müssen, jetzt endlich trifft sie Dorothy im Wohnzimmer.

»Na los, mach schon, erzähl's mir. Wie groß war das Desaster gestern abend?«
»Es war kein Desaster, Blanche. Es war einfach... na ja, ungemütlich. Ich habe versucht, so etwas wie eine Basis zu finden mit seinen Zirkusfreunden, etwas Gemeinsames, worüber wir reden könnten. Aber glaube mir, ›Die menschliche Kanonenkugel‹ ist nicht sehr belesen.«
»Und weiß Ken, wie dir zumute ist?«
»Er hat mich gefragt, wie es mir geht und ob ich mich amüsieren würde, aber ich mußte ihm die Wahrheit sagen. Ich passe einfach nicht zu den anderen Clown-Frauen.«
Rose, die das Ende der Unterhaltung mitbekommen hat, macht einen praktischen Vorschlag: »Dorothy, ich hab mir etwas überlegt. Das könnte dir helfen, deine Gedanken für eine Weile von Ken abzulenken. Komm mit auf unsere Demo!«
»Ach nein, Rose, ich glaube nicht, daß ich ...«
»O doch«, unterbricht Blanche hart, aber herzlich, »das solltest du aber. Geh mal aus dir raus! Es ist für eine gute Sache. Oder bist du so egozentrisch, daß du dich lieber in Selbstmitleid baden möchtest?«
Dorothy, die einsieht, daß hier Widerstand zwecklos ist, gibt schließlich nach: »Eigentlich hast du recht. Gut, ich mach mit.«
»Sehr schön, Dorothy, dann gehst du für mich.«
Inzwischen ist auch Sophia eingetroffen, um von ihrer Tochter die neuesten Nachrichten zum Thema Schwiegersohn zu hören: »Da bist du ja, Schmuse-

kätzchen. Was gibt's Neues von Ken? Er hat dir einen Ring geschenkt, nicht wahr?«

Blanche holt sie einfühlsam auf den Boden der Tatsachen zurück: »Ja, aber es waren drei.«

»Weißt du, Ma, ich weiß nicht richtig, wie ich es dir sagen soll... aber ich sage es gerade heraus: Ken wird ein Clown.«

Diese überraschende Eröffnung hat eine längere Gesprächspause zur Folge, die Sophia schließlich mit einem matten »Scusi?« beendet.

»Ja, Ma. Er hat genug davon, Anwalt zu sein, darum will er zum Zirkus.«

»Was hast du mit ihm angestellt?«

»Ich habe überhaupt nichts angestellt.«

»Nein, natürlich nicht. Heute ist der Mann Anwalt, morgen ist er Clown. Völlig normal.«

»Ma, bitte, es ist doch so schon schwer genug für mich.«

»Entschuldige, mein Liebling«, setzt Sophia noch eins drauf, »aber ich neige nun mal dazu, etwas sauer zu werden, wenn jemand mein Leben ruiniert.«

Nun fühlt sich Rose aufgefordert, den drohenden Krach zwischen Mutter und Tochter abzuwenden. »Ich weiß gar nicht, was euch so aus der Fassung bringt. Mit einem Clown zu gehen, das wäre für mich die Erfüllung eines Traumes.«

»Dann greif nach den Sternen am Zirkushimmel, Rose«, schaltet sich auch Blanche in die Vermittlungsbemühungen ein.

»Nein wirklich«, gerät Rose ins Schwärmen, »stellt euch doch mal vor, ihn zu sehen, wie er kleine

Schweinchen im Kinderwagen umherschiebt, einen Eimer voll Konfetti abkriegt, ihn aus dem Publikum heraus zu beobachten, wie er den Lichtkegel des Scheinwerfers zu einem kleinen Kreis zusammenfegt, und dabei zu denken: ... das ist mein Mann!«

Doch Dorothy mag sich so nicht überreden lassen: »Warum mußte mir das passieren! Gerade mit jemandem, bei dem ich das Gefühl hatte, eine große gemeinsame Zukunft zu haben. Ich meine, Ken gibt mir dieses Gefühl, und ich sollte ihn unterstützen, aber Tatsache ist, ich bin bestürzt.«

»Sei nicht albern, Dorothy«, versucht es Rose noch einmal, »du liebst den Mann, so wie er ist. Es ist doch nicht so, als ob er dich in einem Aufziehauto herumfährt mit einem riesen Schlüssel auf dem Dach, stimmt's?«

Die Türklingel beendet vorerst das Gespräch. Als Dorothy öffnet, erwartet sie Ken mit einer Bitte: »Hi, Liebling. Zwei Sachen: Wir sind heute abend mit Phil und Nancy zusammen, und da gibt es zwei Dinge, die du wissen mußt: Nenn sie nicht kleine Leute und tätschle ihnen nicht den Kopf, das hassen sie. Ich hab damit meine Erfahrung gemacht.«

Sophia, die aus dem Wohnzimmer Kens Stimme gehört hat, kann jetzt der Versuchung nicht widerstehen, sich eine Bestätigung der neuesten Entwicklung aus erster Hand zu holen: »Kenny, komm doch mal her. Was soll diese Clown-Geschichte? Kannst du nicht Anwalt bleiben und mit Clowns nur so zusammen sein?«

»Ja, ich weiß, es klingt etwas verdreht, Mrs. Petrillo«, gibt Ken lächelnd zu, »aber was die Rechtsgeschäfte angeht, da bin ich augenblicklich einfach ausgebrannt. Was mich betrifft, so bin ich der Auffassung, daß ich dieser Welt in großen roten Schuhen, mit einer Propellerfliege und einem kleinen Regenschirm, der mich naß macht, wesentlich mehr zu bieten habe als in der Anwaltsrobe.« Worauf Sophia ihre Tochter zur Seite nimmt und von ihr, inquisitorisch flüsternd, wissen will: »Also, was hast du mit ihm angestellt?«

2. Akt

1. Szene

An den Docks – am nächsten Tag

Der folgende Tag soll ein Tag der Entscheidungen werden – in jeder Hinsicht. Zunächst einmal ist es der Tag der lang und sorgfältig vorbereiteten Demonstration für die Delphine. Die Demonstranten haben sich auf einem Steg versammelt, der zu den Fischerbooten führt. Dorothy und Blanche halten Tafeln mit Losungen empor, Rose spricht über Megaphon zu ihren Mitstreitern: »Auch wenn wir mit den Fischern nicht unbedingt einer Meinung sind, wollen wir doch, daß diese Demonstration friedlich verläuft. Ganz in der

Tradition von... na, ihr wißt schon... dem kleinen glatzköpfigen Inder mit Brille und der Windel, der nicht essen wollte und einen Oskar bekommen hat.«
Blanche hat allerdings neben ihrem offiziell-politischen noch ein privates Anliegen, sie möchte über den Fortgang von Dorothys Herzensangelegenheiten auf dem laufenden bleiben: »Deine Tafel kippt schon wieder, Dorothy! Also erzähl schon, was ist los?«
»Es ist wegen Ken. Ich weiß nicht, woran ich mit ihm bin. Heute früh hat er mich angerufen, weil er will, daß ich mit dem Zirkus mitreise. Ich fürchte, ich muß mit ihm Schluß machen.«
»Oh, das würd ich mir aber zweimal überlegen, ob ich ihn sausen lasse. Wieviel Chancen auf einen Verlobungsring hast du noch in deinem Alter?«
Rose ist mittlerweile dazu übergegangen, zu den Fischern zu reden: »Alle Lebewesen müssen lernen, miteinander zu leben. Da, wo ich herkomme, tut man das. Deswegen können Braunbär und Feldmaus das Leben teilen und in Harmonie miteinander sein. Natürlich können sie sich nicht paaren, sonst würde die Maus explodieren. Ihr wißt schon, was ich meine.«
»Ich glaube«, meint Dorothy, der diese Ausführungen sichtbar zu denken geben, »Rose sollte ihre bildhaften Darstellungen über Megaphon nochmal überarbeiten.«
»Hör zu, Süße, ich weiß, du bist am Boden zerstört, aber ich bin froh, daß du gekommen bist. Ich möchte wirklich, daß wir heute etwas bewegen.«

»Nanu, Blanche, ich bin beeindruckt. Das klingt nach einer neuen Sprech- und Denkweise.«
»Es ist merkwürdig«, erklärt Blanche nachdenklich, »wie das mit mir passiert ist. Gestern abend wollte ich mir eine Entschuldigung ausdenken, wie ich aus dieser Sache hier rauskommen könnte, aber dann wurde mir klar: Wasserlilie – so nenne ich mich manchmal -, Wasserlilie, so was wie hier hast du dein ganzes Leben noch nicht gemacht. Und es ist wichtig. Bei der Liebe von Mutter Erde und der Liebe von Mutter Natur bist du, Blanche Deveraux, dieser Aufgabe verpflichtet. Ist das nicht aufregend?«
»Du hast wohl 'ne Wiederholung von Flipper im Kabelfernsehen erwischt, was?«
»Ja, eine ganz besonders bewegende, wo Flipper als Retter auftauchte. Aber ich hatte vorher schon in einem von Roses Heften über diese herrlichen Tiere gelesen.«
»Oh, das ist wunderschön ... Wasserlilie?«
»Ja.«
Aus der Gruppe der belagerten Fischer löst sich nun ein Mann, geht auf die beiden Damen zu und baut sich drohend vor ihnen auf: »Also los, ihr Delphinisten, macht, daß ihr vom Tor wegkommt.«
Doch die beiden sind keineswegs eingeschüchtert. »Vorsicht. Was machen Sie, Sir...«, verwahrt sich Blanche vorsichtshalber gegen die zu erwartende Handgreiflichkeit. Und auch Rose bleibt beim Thema: »Warum könnt ihr nicht endlich die Wirklichkeit begreifen?«

»Warum könnt ihr nicht sehen, daß eine Menge Leute ganz anderer Ansicht sind? Nun macht schon, daß ihr wegkommt, wir haben zu arbeiten«, und schon hat er Rose rauh am Arm gepackt und versucht, sie wegzuziehen.
Die will sich wehren, doch ihr höfliches, aber bestimmtes »Nehmen Sie ihre Hände weg von mir« verfehlt jede Wirkung.
Auch Blanche, die ihrer Freundin sofort zu Hilfe eilt, versucht es zunächst im guten: »Lassen Sie sie los«, bittet sie. Dann schlägt sie zu, und der Fischer geht zu Boden.

2. Akt
2. Szene

Gerichtssaal – am späten Nachmittag

Am späten Nachmittag desselben Tages landen Rose, Blanche und Dorothy zusammen mit den anderen Demonstranten vor Gericht. Im Zuhörerraum werden sie von einem Gerichtsdiener bewacht. Ganz außer Atem betritt Sophia den Saal, sucht ihre Tochter und findet sie schließlich: »Liebling, ich bin so schnell gerannt, wie ich konnte.«
»Die Sache im Dock ist außer Kontrolle geraten. Aber mir geht's gut.«

»Mach dir keine Sorgen, ich habe Ken angerufen, er parkt gerade seinen Wagen.«
»Habt ihr gehört?« gibt Dorothy die gute Nachricht zunächst an Rose und Blanche weiter, »Ken wird uns helfen!« Gleich darauf wendet sie sich an den Rest der Demonstranten: »Habt ihr das alle gehört? Wir sind hier im Nu wieder draußen. Meine Mutter hat meinen Freund angerufen, den Topanwalt von Miami. Nur keine Sorge, da sind wir in guten Händen.«
Wie auf's Stichwort betritt in diesem Moment der Anwalt den Gerichtssaal, angetan mit einem Clownskostüm, in riesigen Schuhen, die Anwaltsrobe über dem Arm: »Oh, Dorothy, Liebling, da bist du ja.«
»Mein Gott! Ma, du hast mir nicht gesagt, daß er im Clownskostüm kommt.«
»Richtig, ja«, erwidert Sophia gelassen.
»Ken, wie konntest du nur... ?«
»Als Sophia anrief, hatte ich gerade Probe. Ich zieh mich schnell um, ich wollte bloß sicher sein, daß es dir gut geht.«
Der Vorsitzende Richter trifft nun Anstalten, die Verhandlung zu eröffnen. »Ist der Verteidiger für die Demonstranten anwesend?« fragt er ohne große Hoffnung.
»Ja, Euer Ehren«, antwortet Ken routiniert.
Dorothy, die ihre Felle mit Blick auf diese rechtliche Vertretung bereits davonschwimmen sieht, kann sich ein flehentliches »O Gott!« nicht verkneifen.
»Der Clown möge an den Richtertisch treten.«
»Laß nur, Dorothy«, beruhigt Ken siegessicher, »das klappt schon.«

»Kannst du das wenigstens ohne diese Nase machen?«
»Ja«, versetzt der Clown, nimmt den roten Ball von der Nase und tritt vor.
Der Richter hat die kurze Pause benutzt, seine Fassung wiederzugewinnen und verlangt nun Auskunft: »Was zum Teufel ist in Sie gefahren?«
»Euer Ehren, ich weiß, es nimmt sich etwas seltsam aus, aber ich bin zugelassener Anwalt bei Gericht. Ich habe meine Karte hier, um es zu beweisen.« Dabei leert Ken seine Taschen, wobei Gummihühner, Taubenfedern und alle möglichen Clownsutensilien zum Vorschein kommen.
»Wir kommen ins Gefängnis«, ist sich Dorothy angesichts dieser Vorstellung nun absolut sicher.
Doch der Richter hat ein Einsehen: »Ich glaube es Ihnen auch so, daß Sie Anwalt sind. Ich glaube es Ihnen wirklich. Nun machen Sie schon! Bitte!»
»Vielen Dank, Euer Ehren.«
»Ja, bitte, beeilen Sie sich.«
»Euer Ehren, dies ist vielleicht mein letztes Auftreten vor Gericht, würden Sie mir daher etwas Nachsicht gewähren?«
Der Richter, der sich selbst im unangenehmen Verdacht hat, bereits ein Übermaß an Nachsicht walten gelassen zu haben, nickt irritiert.
»Danke sehr. Ich übe meinen Beruf seit vielen Jahren aus, und es hat mich immer wieder erstaunt, wie wenig meine Arbeit, die die Rechte des Menschen vertreten soll, mit Gerechtigkeit zu tun hat. So was wirkt

natürlich besser, wenn man seine Anwaltsrobe anhat. Nun sind meine Klienten also wegen unbefugten Betretens des Fischereigeländes angeklagt. Aber ihr einziges wirkliches Vergehen ist der Übereifer, mit dem sie für eine gute Sache eingetreten sind, nämlich den wehrlosen Delphinen gegen die Willkür des Menschen beizustehen. Der Delphin, Euer Ehren, der seit Jahrhunderten Schiffbrüchige auf hoher See gerettet hat, der Schiffe in Seenot wohlbehütet in den Hafen geleitete... von diesem Delphin, Euer Ehren, ist die Rede. Nein, meine Klienten sind wegen ihres Übereifers wohl zu tadeln, aber sie haben sich nicht schuldig gemacht. Im Gegenteil, sie wollten helfen, von der Schuld des Menschen etwas abzutragen, die darin besteht, eine der besten Kreaturen der Natur langsam, aber sicher auszurotten. Euer Ehren, ich gestehe, ein etwas desillusionierter Anwalt zu sein, aber ich bitte Sie, einem höheren Gesetz zu folgen als nur denen, die in leblosen Buchstaben der Staatsgesetze formuliert sind.»

Nach diesem bewegenden Plädoyer bricht im Gerichtssaal frenetischer Jubel aus. Der Richter kann sich im Tumult nur schwer Gehör verschaffen. Er schlägt mit dem Hammer auf den Tisch. »Bitte etwas mehr Ruhe!« muß er mehrmals rufen, um im nachlassenden Lärm schließlich zu konzidieren »Nun, das war eine gute Rede.«

»Vielen Dank, Euer Ehren.«

»Aber... sie müssen mir ein wenig weiterhelfen. Wie wär's mit einem kleinen Hinweis aus dem Gesetzbuch?«

»Okay«, Ken zuckt mit den Schultern, als Anwalt hat er für einen solchen Richterwunsch natürlich Verständnis: »Das Spektakel fand an einem Meeresdock statt, welches an befahrbares Wasser angrenzt. Ich bezweifle daher die Zuständigkeit dieses Gerichts.«
»Das klingt ordentlich und gesetzmäßig, Herr Anwalt, ihr letzter Tag war ein guter Tag.« Und mit diesen Worten schwingt er erneut den Hammer: »Der Fall wird abgewiesen.«
Inmitten fröhlicher Demonstranten umarmen sich Dorothy und Ken.

2. Akt

3. Szene

Wohnzimmer – etwas später

Die Golden Girls sind nach dem glücklichen Ausgang der Gerichtsverhandlung nach Hause zurückgekehrt.
»Ich möchte, daß ihr Knastvögel euch zu Hause wohl fühlt. Essen gibt es um sechs. Sagt es weiter«, verabschiedet sich Sophia in die Küche und läßt Blanche und eine nachdenkliche Rose im Wohnzimmer zurück.
»Rose, Liebes, warum schaust du so bedrückt?« will Blanche von ihrer Freundin wissen.
»Wir haben heute gar nichts erreicht. Diese Fischer sind morgen wieder draußen, und sie werden dassel-

be weitermachen wie sonst. Glaube mir, ich fühle mich als Versager.«

»Aber Liebes, du kannst die Welt nicht an einem Tag verändern«, holt Blanche zu einem ernsten Plädoyer aus. »Wir haben getan, was wir konnten. Vielleicht haben wir diesmal ein paar Delphine gerettet, weil wir das Auslaufen der Schiffe für heute verhindert haben. Und wenn du das nächste Mal eine ganze Gruppe von Delphinen vorbeischwimmen siehst, dann kannst du dir denken, diese herrlichen Tiere habe ich vielleicht vor den schrecklichen Netzen gerettet. Das ist doch immerhin etwas, meinst du nicht?«

»Na ja, das stimmt schon«, gibt Rose zu, und ihre gute Laune kehrt sichtbar zurück. »Aber ich wünschte, daß wir alle retten könnten.«

»Du mußt es nur sagen. Los komm, wir gehen wieder runter an die Docks.«

»Wirklich?«

»Aber ja. Ich kenne da eine Hafenbar, wo eine Menge ausländischer Seeleute rumhängen«, meint Blanche und blickt verschwörerisch zur Tür.

»Und du glaubst, daß sie bereit sind, mir zuzuhören?«

»Aber sicher. Sie sprechen zwar kein Englisch, aber sie sind geil bis dorthinaus.« Die beiden stehen auf, um sich schnurstracks an den besprochenen Einsatzort zu begeben, als Dorothy und Ken zur Tür hereinkommen. Der Anwalt ist noch immer im Clownskostüm, trägt jetzt aber einen Mantel über seiner Verkleidung.

»Hallo, wo wollt ihr denn hin?« will Dorothy wissen.
»Wir demonstrieren«, berichtet Rose stolz, um gleich darauf mit Blanche gemeinsam richtigzustellen: »Wir feiern!« Die beiden machen sich beschwingt auf den Weg und lassen Ken und Dorothy zurück.
»Möchtest du irgend etwas Besonderes heute abend unternehmen, Dorothy?«
»Ach Ken, da gibt es etwas...«, beginnt Dorothy unbehaglich.
»Weißt du eigentlich, daß du wunderschöne Augen hast?« unterbricht Ken zärtlich. »Und einen Vierteldollar in deinem Ohr?« Dabei zaubert er gekonnt eine Münze hinter ihrem Ohr hervor.
»Ken, wir müssen wirklich miteinander reden.«
»Na, dann sag mir mal, was los ist, Liebling.«
»Es ist meine Liebe zum Zirkus, stimmt's?«
»Ich weiß nicht, ob es schwerer zu sagen oder schwerer anzuhören ist... Ken, du bist ein liebenswerter Mann, mit einem Haufen liebenswerter Eigenschaften, aber... ich liebe dich nicht.«
Der Anwalt nimmt das Geständnis gefaßt auf: »Das hat mit meinem Beruf zu tun, nicht wahr?«
»Ich dachte auch, daß deine Zirkusliebe an mir nagt. Aber ich glaube, wenn ich dich lieben würde, dann fiele es mir leicht, dir überallhin zu folgen. Es tut mir sehr leid.«
»Ich verstehe.«
»Vielleicht versuchen wir beide zu zwanghaft, daß alles gutläuft. Du auf deine Art, ich auf meine. Aber ich weiß, daß ich nicht bereit bin, mein Leben aufzu-

geben. Und du Ken, könntest du den Zirkus für mich aufgeben? Würdest du mir zuliebe auf das Kinderlachen verzichten?«

»Ehrlich gesagt, Dorothy, ich glaube nicht, daß ich das fertigbrächte. Die fette Lady für dich aufgeben? Die Elefanten, die Schimpansen?«

»Ken«, unterbricht Dorothy mit tränenerstickter Stimme.

»Die, die, na ja zum Beispiel...«, fährt der Clown etwas hilflos fort.

»Laß nur, ich verstehe dich gut.« Dorothy legt sanft den Arm um Ken.

»Weißt du, für unser Alter haben wir eigentlich noch eine ganze Menge Wünsche.«

»Und diesmal waren wir an der Erfüllung ziemlich dicht dran«, gibt Dorothy nachdenklich und ohne Bedauern zu.

»Wenn der Zirkus wieder in die Stadt kommt, dann laß ich die Zelttür für dich offen«, verkündet Ken mit neuem Optimismus und umarmt Dorothy.

»Ich werde dich sehr vermissen«, flüstert sie und trocknet dabei ihre Tränen mit Kens Taschentuch. Dann wendet sie sich ab und zieht dabei eine lange Leine bunter Taschentücher hinter sich her. Als sie es bemerkt, schüttelt sie lachend den Kopf und fällt Ken in die Arme.

Kein Montag wie jeder andere

Der Autor dieser Folge, Gail Parent, würfelt nach bewährtem Muster Spaß und Probleme durcheinander, ist aber besonders darauf bedacht, daß der Ernst nicht als Bremse wirkt, sondern mit der Fröhlichkeit gewissermaßen mitgaloppiert, er hält Schritt, und das bewirkt, daß Lachen und Weinen besonders gnadenlos aufeinanderprallen.
Die beiden wichtigen Themen: Die Bedeutung des Lebens in den letzten Jahren eines Menschen und das Recht des Menschen, sich dieses Leben zu nehmen, stürmen auf Sophia ein, die sich erstmals außerstande sieht, jedes Problem mit einer schnodderigen Bemerkung beiseite zu räumen.
Bei der Rückkehr von der Beerdigung der gemeinsamen Freundin Lydia lernen wir Martha kennen, auch eine Freundin von Sophia und eine Freundin von herzhaften Mahlzeiten, die sie gnadenlos in sich hineinstopft, nicht ohne sie mit einigen hochprozentigen Schnäpschen zu garnieren. Martha berichtet, daß sie an vielen Krankheiten leidet, unter anderem an Arthritis, hohem Blutdruck und Angina pectoris. Martha bittet Sophia, sie am nächsten Tag in ihrem Haus zu

besuchen und gibt ihr auch den Grund für diese Einladung bekannt: »Ich will, daß du da bist, wenn ich mich umbringe.« Sophia verschlägt es den Atem, und eine sarkastische Bemerkung von ihr bleibt im Ansatz stecken. Ziemlich nüchtern und ohne Hysterie erklärt ihr Martha, worum es geht: »Du verstehst mich nicht. Ich habe Angst vor den Schmerzen, vor dem Leiden. Ich habe Angst vor dem Alleinsein und davor, einsam zu sterben. Die Pillen kann ich selbst nehmen. Aber ich will, daß du dabei bist und meine Hand hältst.«

Es ist die Angst vieler alter Leute, die Martha plagt: »Ich habe nicht den Mut, zentimeterweise zu sterben.« Martha ist etwas neidisch auf Sophias Leben in der Gemeinschaft: »Du lebst mit Freunden und Familie, mit Feiertagen und Wärme. Ich höre die Stille.«

Martha entwickelt bei ihrer Freundin Sophia ein Maß an Geduld, Sorge und Mitgefühl, daß man daran zweifeln möchte, ob das noch die alte Sophia ist, die uns mit ihrer Schlagfertigkeit bis zur Brutalität immer beweisen möchte, daß ihr Gefühle nichts gelten. Den weichen Kern in der rauhen Schale kann sie diesmal ganz besonders schlecht verbergen.

Aber wie gesagt, Wehmut und Frivolität, Ernst und Heiterkeit prallen hart aufeinander, und man braucht sich die Tränen der Rührung gar nicht erst zu trocknen, denn man lacht auch, bis einem die Tränen kommen. Es ist schon sehr komisch, wenn Blanche angesichts der trostlosen Lage von Martha ihre eigenen

Prioritäten offenbart: »Wenn meine Zeit einmal kommen sollte, möchte ich auch jemanden haben, der mich von meinem Elend befreit. Ich meine, wenn irgend etwas Tragisches passieren sollte, zum Beispiel eine tödliche Krankheit, oder wenn ich mein blendendes Aussehen verlieren sollte.« Ein lebensfroher Kontrapunkt zu Marthas düsterer Weltschau ist das Baby einer Freundin, das aber plötzlich durch hohes Fieber Anlaß zur Sorge gibt. Die Einbeziehung des jungen Erdenbürgers in Marthas Lebensmüdigkeit ist dabei mehr als nur ein schöner Kontrast, sie rückt die Freude am Leben wieder in den Mittelpunkt, auch bei Blanche, die sich, während Rose Windeln wechselt und einen Truthahn präpariert, für den attraktiven Hausarzt herrichtet.

Besetzung

Dorothy, Rose, Blanche, Sophia, Harry, Martha Lamont, junge Frau, junger Mann, Maître D., Barmann

1. Akt

1. Szene

Küche – nachmittags

Rose hantiert mit Babywindeln. Sie tut dies fachmännisch, aber natürlich nicht mit der Routine einer jungen Mutter – es ist ja immerhin schon ein Weilchen her. Und was da gewickelt wird, ist auch kein Baby, das Objekt der Fürsorge ist ein kalter Truthahn. Blanche und Dorothy betrachten die Szenerie mit einigem Erstaunen.
Schließlich faßt sich Dorothy ein Herz: »Rose, was machst du denn da?«
»Ich wickle einen Truthahn«, antwortet Rose, als sei dies die natürlichste Sache der Welt. »Es ist schon lange her, daß ich Windeln gewechselt habe. Ich dachte, ich übe ein bißchen, bevor das Baby kommt.«
Inzwischen sind auch Sophia und Martha eingetroffen, beide ganz in Schwarz gekleidet und von Dorothy neugierig begrüßt: »Ma. Hallo Martha. Wo wart ihr?«
Sophia lüftet das Geheimnis: »Ich geb dir einen Tip. Der Ehrengast war stocksteif und hatte Lippenstift auf den Zähnen. Aber er scherte sich einen Dreck darum.«

»Wer ist gestorben?« will Blanche wissen.
»Meine beste Freundin, Lydia«, antwortet Martha.
»Herzliches Beileid«, kommt es mitfühlend von Dorothy.
Gedankenverloren und noch ein wenig unter dem Eindruck der Trauerfeier berichtet Martha: »Sie hat sehr gelitten. Eigentlich war es ein Segen in einer Verkleidung.«
Sophias trockener Kommentar: »Ich habe mich immer gewundert, warum sich der Segen verkleidet. Wäre ich ein Segen, würde ich nackt rumlaufen.«
In diesem Moment klingelt es, und alles schaut erwartungsvoll zur Tür.
»Oh, das wird das Baby sein«, erläutert Rose und bringt damit nicht unbedingt Licht ins Dunkel.
»Wieso, kriegen wir ein Baby?« lautet die berechtigte Frage von Sophia.
»Es gehört einem Ehepaar aus der Gemeinde. Sie gehen campen übers Wochenende, und wir sollen uns um das Kleine kümmern«, schafft Rose nun endlich Klarheit – womit auch eine hinreichende Erklärung für die Wickelübungen am Truthahn gefunden wäre.
Die praktische Sophia entdeckt sofort die positive Seite des unerwarteten Besuchs: »Gut. Dann gibt es hier wenigstens mal ein Essen, das ich kauen kann.«
Und während Blanche, Rose und Dorothy sich auf den Weg zum Eingang, bleiben Sophia und Martha in der Küche zurück.
»Wie wär's mit einer Tasse Tee?« lädt Sophia ein.

»Ja, gern«, nimmt Martha an, »ich fürchte, ich habe mich auf der Beerdigung unmöglich benommen.«
»Wieso, es war schön. Jedem hat es gefallen.«
»Ich werde sie sehr vermissen«, meint Martha leise.
»Das weiß ich«, tröstet Sophia, »aber du hast selber gesagt, die letzten Wochen waren sehr schwer für sie. Wenigstens ruht sie jetzt in Frieden.«
»Aber ich fühle mich irgendwie mies.«
»Hey«, Sophia ist wieder ganz die Alte, »wenn sich hier einer mies fühlt, dann bin ich das. Lydia hatte dasselbe Kleid an wie ich«.

1. Akt
2. Szene

Wohnzimmer – nachmittags

Dorothy, Blanche und Rose haben mittlerweile das Pflegebaby aus den Händen eines aufgeregten jungen Elternpaares in Empfang genommen und das »Zubehör«, wie Kinderwagen und Windelpakete inspiziert.
»Liebling, können wir jetzt gehen?« drängt der reiselustige junge Mann, »wißt ihr, wir haben dieses Wochenende zu zweit in den Wäldern schon seit Monaten geplant. Ich freu mich drauf, es wird großartig.«
»Hört sich sehr romantisch an«, Rose spricht offen-

sichtlich aus Erfahrung, »vielleicht kriegt ihr noch ein Baby.«
Darauf geht der junge Mann vorsichtshalber nicht ein: »Ich kontrollier nochmal, ob wir auch alles eingepackt haben.«
Seine Frau übernimmt die offizielle Verabschiedung: »Nochmals vielen herzlichen Dank. Wiedersehen. Und sei schön lieb, Francis.«
Rose begleitet die junge Frau zur Tür: »Mach dir bloß keine Sorgen, über gar nichts. Fahrt los und genießt euer Wochenende.«
Während sich die Tür hinter den Ausflüglern schließt, begutachten Blanche und Dorothy den neuen Mitbewohner: »Was für ein wunderhübsches kleines Ding«.
»O ja. Was ist es eigentlich, Rose, ein Junge oder ein Mädchen?«
»Ja, genau«, gibt Rose sibyllinisch Auskunft.
»Ich meine, ist es Frances wie Francie oder Francis wie Franky?« möchte Dorothy es doch etwas genauer wissen.
»Das weiß ich nicht. Es trägt gelb.«
»Wir könnten es herausfinden, Rose.«
»Wie?«
»Stell die Delphinshow an und sieh, ob er zuguckt. ...Indem wir nachsehen natürlich, Rose.«
Nun beteiligt sich auch Blanche mit einem praktischen Vorschlag an der Diskussion: »Wir könnten seine Windeln wechseln, und dann sehen wir ja, ob es ein Schwänzchen hat.«

»Ein Schwänzchen?«
»Das ist gewissermaßen der wissenschaftliche Ausdruck, wenn es noch sehr klein ist«, erläutert Blanche nüchtern.
Inzwischen hat Rose das kleine Bündel im Wagen abgetastet. »Das Baby ist gar nicht naß«, berichtet sie.
»Wir wechseln sie trotzdem«, meint Blanche zu Dorothy, »das ist dein Job.«
»Wieso denn das?«
»Der beste Zeitpunkt zum Windelnwechseln ist dann gekommen, wenn noch nichts drin ist.«
Nun zahlt sich die Übungsstunde von Rose aus. »Ich mach das schon«, meint sie resolut, »ihr könnt mir dabei helfen. Okay, fertig? Eins... zwei... drei!«
Sie nimmt die Windel ab, und während sich die Damen neugierig über den Wagen beugen, löst ein aufsteigender Wasserstrahl das Rätsel.
»Franky-Boy!« lautet die gemeinsame Identifikation.

1. Akt
3. Szene

Im Marmiton Restaurant – am folgenden Abend

Maître D. begrüßt Sophia, die, in ihren besten Sonntagsstaat gekleidet, das Lokal betritt: »Kann ich behilflich sein, Madame?«

»Woher wissen sie, daß ich nicht eine Mademoiselle bin?«
»Welcher Mann mit gesundem Menschenverstand würde auf einen solch abwegigen Gedanken kommen?« erwidert der Maître galant und küßt Sophia die Hand.
»Wenn wir auf Sizilien wären, hätten Sie keine Lippen mehr. Bringen Sie mich zum Tisch meiner Freundin Martha Lamont und versuchen Sie, sich auf dem Weg dorthin nicht in mich zu verlieben.«
»Mrs. Lamont erwartet Sie an der Bar.«
»Auch gut. Mit etwas Glück hat sie jemanden gefunden, der das Essen bezahlt. Martha, du siehst fabelhaft aus«, begrüßt sie ihre Freundin an der Bar. »Wie ist denn die Luft da oben?«
»Sehr angenehm. Iß, trink und sei fröhlich.«
Sophia hat Schwierigkeiten, die Einladung anzunehmen, vergeblich versucht sie, den Barhocker zu erklimmen. Schließlich winkt sie nach dem Maître: »Hey, Jack, leihen Sie mir ihre Hand, aber halten Sie sie gefälligst unter Kontrolle.« Und nachdem der Maître sie gekonnt plaziert hat: »Das ging ja besser, als ich dachte. Jetzt kann ich's kaum erwarten, wieder runterzukommen.«
Während der Maître erlöst das Weite sucht, erscheint der Barmann: »Guten Tag. Darf ich den Damen etwas zu trinken bringen?«
»Ich nehm einen Manhattan«, gibt Sophia ihre Bestellung auf, »und ich sehe genau hin, also schütten Sie keinen billigen Fusel rein.«

»Ich nehme noch einen Harvey Wallbreaker.«
»Wie oft hast du dich denn heute schon mit Mister Mauerbrecher getroffen?«
»Ich zähle nicht, ich feiere. Mir kam nämlich heute eine Idee, die mein Leben verändern wird. Bestell, was immer du möchtest. Ich nehme den Krabben-Cocktail, die Champignon-Cremesuppe, Spargel mit Hollandaise und das Filet Mignon.«
»Ich bin ja in Cholesterin auch verliebt wie in den erstbesten Lover, aber du kriegst nie wieder Blut in die Füße.«
Inzwischen hat der Barmann die Getränke gebracht.
»Ich möchte einen Toast ausbringen«, ausgelassen erhebt Martha ihr Glas: »Auf Sophia, auf die ich mich hoffentlich verlassen kann.«
»Inwiefern? Löse deine Lippen von Mister Harvey Mauerbrecher und sag mir, was du willst.«
»Wenn du schon fragst, ich möchte gern, daß du etwas für mich tust. Bitte komm morgen abend zu mir nach Hause.«
»Oh, was ist los, hast du Geburtstag?«
»Es wird keine Geburtstage mehr geben, Sophia.«
»Was soll denn das wieder heißen?«
»Bei mir ist so ziemlich alles in Unordnung«, erwidert Martha, nun deutlich gedämpfter und mit einem kleinen Seufzen. »Ich habe Arthritis, zu hohen Blutdruck und Angina pectoris, um nur einiges zu nennen.«
»Wer hat das nicht? Du kommst bei uns nicht in die Kanasta-Runde, wenn du nicht mindestens zwei entkräftende Krankheiten nachweisen kannst.«

»Ihr Tisch ist bereit, meine Damen«, unterbricht Maître D. das Gespräch und hebt Sophia, die auffordernd die Arme gehoben hat, vom Hocker.
»Sehr schön, danke. Aber das erste Mal fand ich's besser.»
»Hier entlang, bitte«, weist Maître D. den Damen den Weg.
»Also, warum willst du, daß ich morgen zu dir komme?« nimmt Sophia den Gesprächsfaden wieder auf.
»Ich möchte, daß du da bist, wenn ich mich umbringe.«

1. Akt
4. Szene

Küche – abends

Dorothy, Blanche und Rose sind unterdessen mit Babysitten völlig ausgelastet. Der kleine Franky-Boy hat offensichtlich erhöhte Temperatur. Während Dorothy das schreiende Baby hält, versucht Blanche, das Thermometer abzulesen.
»Wie hoch ist das Fieber?«
»Ich kann es nicht richtig erkennen, meine Augen sind total übermüdet.«
»Deine Augen sind alt. Wann wirst du endlich zugeben, daß du eine Brille brauchst?«

»Ich brauche keine Brille. Meine Mutter hat bis zu ihrem Todestag keine Brille gebraucht. Und danach wäre es wohl albern gewesen.«
»Also, wie hoch ist die Temperatur, Blanche?«
»Ich weiß es nicht, Dorothy.« Blanche hält das Thermometer stirnrunzelnd auf Abstand. »Auch mit völlig normaler Sehschärfe kann niemand diese Dinger ablesen.«
Nun hält es Rose nicht länger am Herd. Sie schnappt sich das Thermometer und wirft einen erschrockenen Blick auf die Skala: »Mein Gott, 39,5!«
»Das arme Baby.«
Rose spürt ein Gefühl von Panik aufsteigen: »Wir müssen die Eltern anrufen.«
»Die sind irgendwo in den Wäldern. Rufen wir Harry an«, erwidert Dorothy mit kühlem Kopf. »Mit etwas Glück haben wir direkt in unserer Straße einen Kinderarzt.«
»Nein, das ist keine gute Idee«, widerspricht Blanche.
»Wieso nicht?«
»Bis ich mein Gesicht in Ordnung gebracht habe und frisiert bin, könnte es dem Baby noch schlechter gehen«, gibt Blanche zu bedenken. »Ruf lieber gleich den richtigen Kinderarzt an.«
Glücklicherweise haben die Eltern des Babys Adressen und Telefonnummern für den Notfall hinterlassen. »Okay, Kinderarzt... hier steht's, es ist Harry, Dr. Harry Westen.« Rose hat die rettende Notiz entdeckt, Dorothy wählt die Nummer.
»O Gott...«, Blanche sieht ihre schlimmsten Befürchtungen bestätigt.

»Hör schon auf, Blanche, er ist Arzt. Er hat schon genug Leute gesehen, denen es wirklich schlecht ging. Und wenn du dir die Haare kämmst, siehst du aus, als wolltest du auf den Kinderspielplatz.« Und zum Arzt, als der sich nach einigem Läuten am Telefon meldet: »Harry? Hier ist Dorothy. Ähm, es tut mir leid, daß ich dich zu Hause stören muß, aber wir versorgen das Baby von den Lillestrands, und es hat hohes Fieber ... Ja. Könntest du gleich mal vorbeischauen? Nein, es ist nicht Blanche, die dich auf den Arm nehmen will. ... Danke, Harry. Sehr nett von dir.«

»Kommt er?« fragt Blanche, die wohl noch immer auf eine Absage hofft.

»Er ist schon auf dem Weg.«

»Meine Güte, ich muß mich schnell frisch machen.«

»Er kommt nicht deinetwegen, Blanche, er wird sich das Baby ansehen.«

»Und ich werde das Baby ganz nahe an meinen Busen halten. Mein Gott, ich wollte, das Ding würde nicht so krank aussehen.«

1. Akt
5. Szene

Im Marmiton Restaurant – abends

Marthas Ankündigung hat Sophia nur für kurze Zeit sprachlos gemacht. Jetzt gibt sie erregt Kontra: »Es ist mir egal, ob du das Essen bezahlst. Was du da tun willst, ist verrückt.«

»Es ist Zeit für mich zu gehen, Sophia. Ich möchte keinen weiteren Montag mehr erleben. Ich will nicht warten und dann so enden wie Lydia. Ich selbst werde entscheiden, wann es vorbei ist.«

»Und ich dachte immer, jemand namens Gott ist dafür zuständig.«

»Du verstehst mich nicht. Ich habe Angst vor den Schmerzen, vor dem Leiden. Ich habe Angst vor dem Alleinsein und davor, einsam zu sterben. Die Pillen kann ich selbst nehmen, aber ich will, daß du da bist und meine Hand hältst.«

»Du hast ganz recht, ich verstehe das wirklich nicht. Ich tue alles, um am Leben zu bleiben. Wenn mein Herz mal aufhört zu schlagen, will ich, daß jeder Arzt in der Stadt auf meinem Brustkasten auf- und abhüpft.«

»Das sagst du jetzt. Aber ich habe nicht den Mut, zentimeterweise zu sterben. Ich werde es tun, ob du nun da bist oder nicht. Aber ich will nicht alleine sterben. Bitte, hilf mir.«

2. Akt
1. Szene

Wonzimmer – ein wenig später

Dorothy hält das schreiende Baby, Rose wechselt die Unterlage im Kinderwagen, und auch Blanche hat etwas gewechselt, und zwar die Garderobe; zum Negligé probiert sie die passenden Ohrringe: »Was meinst du, Dorothy, sieht das gleichermaßen verführerisch und krankenschwesternhaft genug aus?«
»Ich weiß nicht, Blanche, vielleicht bringen die Ohrringe das Ganze etwas aus dem Gleichgewicht.«
»Nein, die hab ich extra für das Baby angelegt. Die lieben kleine Glitzerdinger... hört mal, vielleicht solltet ihr beide mit dem Kleinen doch lieber in der Küche warten.«
Das Klingeln an der Tür drängt Blanche zu letzten Regieanweisungen: »Bleib ja stehen! Geh nicht in die Nähe der Tür! Gib mir das Ding.« Sie schnappt sich das Baby von Dorothy, geht zur Tür und wirft sich in Pose. Fürs Baby gibt's vertraute Zwiesprache: »Hallo Frank, Liebling, hmmm...« Und für die Freundinnen die Bitte um gute Haltungsnoten: »Na, wie seh ich aus?«
Doch Dorothy ist heute abend offensichtlich nicht darauf aus, das Selbstwertgefühl von Blanche zu stärken: »Ganz unmöglich, Blanche. Franks Strampelanzug paßt nicht zu deinen Schuhen.«
Blanche öffnet die Tür und Harry tritt ein – offensichtlich unbeeindruckt von Blanches Auftritt: »Hallo, meine Damen, na wie geht's?«

»Ach, Harry, vielen herzlichen Dank, daß du gekommen bist«, begrüßt Dorothy den Doktor.
Doch Harry wendet sich nicht an die Damen, sondern an die tatsächliche Hauptperson des Abends: »Na, Franky, red mal mit mir, was ist denn los?«
»Nun, er fühlt sich nicht wohl, und darum dachten wir, wir laden Sie auf einen Drink ein«, flötet Blanche.
»Was denn noch, vergessen wir doch am besten das Baby und gehen tanzen!« protestiert Dorothy.
Doch nun hat Harry Blanches Kostümierung wahrgenommen: »Hallo Blanche, das ist ja ein toller Aufzug. Wie nennt man denn so etwas?«
»Ein Negligé«, erklärt Blanche und kichert verführerisch.
»Das weckt schöne Erinnerungen in mir«, weiß Harry zu berichten und gibt damit dem Gespräch genau die Wendung, die sich Blanche so sehnlich wünscht. Ein seliges »Hmmm...« regt Harry allerdings nur zu der Bemerkung an: »Meine Mutter hatte eins, das sah genauso aus.« Worauf Blanche genervt das Baby an Dorothy weitergibt: »Hier, nimm ihn. Er ist naß.«
»Also, irgend jemand soll ihn schnell trockenlegen«, ordnet Harry – ganz Kinderarzt – an, »oder er wird wund am Pimmel.«
»Es ist mir peinlich, daß wir dich stören mußten, aber der Kleine hat hohes Fieber«, erklärt Dorothy.
»Was denken Sie, was es ist?« drängt sich nun auch Blanche wieder ins Gespräch.
»Er könnte zahnen, es kann auch die Grippe sein, oder vielleicht ist er nur ein Hypochonder.«

»Tatsächlich?« staunt Rose ungläubig.
»Na, dann will ich mir das mal genauer anschauen. Du hast also die Damen auf Trab gehalten, was?«
Blanche gibt sich fürsorglich: »Oh, das hat mir nichts ausgemacht. Ich habe einen hochentwickelten Mutterinstinkt«, und schmeißt sich an den Doktor ran.
Der Kinderarzt ist nun sichtlich verunsichert: »Ich, äh, ich hatte mit dem Baby gesprochen, Blanche, hat es, äh, hat es noch andere Symptome gegeben, Ausschlag oder ...«
»Nein. Es ging ihm im Augenblick noch blendend, und plötzlich hatte er hohes Fieber.«
»Es ist das Übliche, hm?« fragt Harry das Baby, und als hätte er die erwartete Antwort erhalten, erklärt er den Damen: »Ja, Frank neigt von Zeit zu Zeit zu Ohrenentzündung.«
»Wird er bald wieder gesund sein?«
»Aber ja, sicher. Er ist ganz schnell wieder topfit. Wir müssen nur gut auf ihn aufpassen.« Und mit diesen Worten nimmt er ein Medizinfläschchen aus der Tasche. »Gebt ihm jetzt gleich vier Tropfen davon und dann alle zwei Stunden wieder vier. Und es soll möglichst viel trinken. Ich komme morgen wieder vorbei.« Spricht's und gibt Rose das Baby.
»Wann kommen wir denn endlich mal zum Schlafen?« nimmt Blanche ihre letzte Chance wahr – und als ihr die Doppeldeutigkeit des Wunsches bewußt wird: »Nicht, daß es mir etwas ausmachen würde... Ich wurde dazu geboren, so was zu machen.«

»Du meinst anzumachen, Blanche«, kommentiert Dorothy mit gelangweiltem Augenaufschlag.
»Dann herzlichen Glückwunsch zur Pflegemutterschaft«, verabschiedet sich Harry. »Ich bin ganz sicher, daß ihr gute Mütter seid und gut darauf achtet, was zu tun ist. Blanche, übernehmen Sie die Oberaufsicht. Mir scheint, sie sind sehr schnell von Begriff. Ich muß jetzt leider gehen.«

2. Akt
2. Szene

Wohnzimmer – drei Uhr morgens

Franky-Boy will nicht schlafen, und er läßt Dorothy, Rose und Blanche nicht schlafen.
»Was ist bloß mit dem Kind los! Herzi, Liebling, bitte halt den Sabbel für deine liebe Tante Blanche.«
»Wißt ihr, zu Hause in St. Olaf hatten wir eine todsichere Methode, die Babys zum Schlafen zu bringen.«
»Wenn Hering, Elch oder irgend jemand namens Schwan darin vorkommt, dann will ich's nicht hören«, wirft Dorothy dazwischen, die von der Couch aus zusieht, wie Blanche das schreiende Baby im Kinderwagen durch das Zimmer schiebt.
»Okay, ich hab noch was anderes. Wenn die Kinder absolut nicht schlafen wollten, dann haben wir Ihnen was vorgesungen.«

»Ein Schlaflied?« Blanche würde sich an jeden Strohhalm klammern.

»Ja, so was ähnliches: ›Mister Sandman‹.«

»Ach, ich weiß nicht recht, Rose.«

»Na komm schon, Dorothy. Das ist doch einen Versuch wert. Entweder wir singen oder er singt.«

»Na, also gut!«

»Boom...«, beginnt Rose zu singen und wartet eine Sekunde, damit die anderen einfallen können. »Boom..., na?«

»Was, na?«

»Nach meinem Boom kommt dein Boom und dann deins. Bis wir alle zusammen Boomen.«

»Vielleicht ist die Sache mit dem Hering oder dem Elch doch weniger kompliziert«, wendet Dorothy ein. Aber dann probieren es die drei, zunächst zaghaft, dann herzhaft: »Boom...«, »Boom...«

»Boom, Boom, Boom, Boom, Boom, Boom...«

»Boom...«

»Boom, Boom, Boom, Boom...«

»Boom...«

»Boom, Boom, Boom, Boom...«

»Mister Sandman, bring me a dream...«.

»Boom, Boom, Boom, Boom...«

»Make him the cutest that I've ever seen...«

»Boom, Boom, Boom, Boom...«

»Give him two lips like roses and clover...«

»Boom, Boom, Boom, Boom...«

»Then tell him that his lonesome nights are over...«

»Boom...«

»Boom, Boom, Boom, Boom, Boom, Boom, Boom...«
»Boom...«
»Boom, Boom, Boom, Boom, Boom, Boom, Boom...«
»Boom...«
»Boom, Boom, Boom, Boom...«
Wie eine nächtliche Geistererscheinung steht plötzlich Sophia in der Tür, sichtlich schlecht gelaunt: »Mann, ihr seid richtige Stinktiere.«
»Wir haben nur das Baby in den Schlaf gesungen«, verteidigt sich Dorothy kläglich.
»Und mich habt ihr dabei aufgeweckt.«
»Vielleicht sollten wir lieber in die Küche gehen«, schlägt Blanche versöhnlich vor.
»Damit wir reden können?« ergänzt Rose.
»Damit wir essen können«, stellt Blanche klar.
»Das ist auch besser«, hat Rose das letzte Wort.

2. Akt

3. Szene

Küche – nachts

Die nächtliche Ruhestörung hat die Hausgemeinschaft in der Küche versammelt. Besonders Dorothy gibt sich zerknirscht: »Ma, es tut uns leid, daß wir dich geweckt haben.«

»Ihr wart das nicht. Ich hatte einen fürchterlichen Alptraum. Ich hab geträumt, mein Onkel Giuseppe käm vom Himmel runter und zeigte mit dem Finger auf mich... Ich denke, es war sein Finger, und er warnte mich, daß ich nicht in den Himmel käme, wenn ich etwas Bestimmtes tun würde.«

»Was denn?«

»Versuch's mit Mord.«

»Das war doch nur ein Traum, Sophia«, versucht Rose zu beruhigen.

»Für mich ist es nicht nur ein Traum. Martha will Selbstmord begehen, und sie will, daß ich dabei bin.«

Bestürzt blickt Blanche in die Runde. »Und? Was hast du gesagt?«

»Daß ich es mir überlegen würde. Du kannst nicht einfach nein zu jemandem sagen, der gerade fünfundsiebzig Dollar für ein Abendessen gelöhnt hat. Frag mal Blanche.«

»Ma, ich kann nicht glauben, daß du ernsthaft daran denkst, dich auf so etwas einzulassen.«

»Martha ist eine kranke Frau, und sie will nicht noch kränker werden. Sie wird es sowieso tun, warum also soll sie allein sterben?«

»Das ist aber nicht recht, Sophia.« Rose ist sich da ganz sicher. »Vergeßt doch jetzt mal, ob es recht oder unrecht ist, falsch oder richtig. Ma, ich mach mir Sorgen um dich. Wenn Martha diese Pillen oder was auch immer nimmt, und ihr Leben entflieht, dann wirst du in ihrem Zimmer sein. Allein. Was wirst du dann tun? Was wirst du empfinden?«

»Das weiß ich nicht, aber ich werde damit schon fertig.«
»Wenn meine Zeit kommt, möchte ich auch jemanden haben, der mich von meinem Elend erlöst«, gibt Blanche zu bedenken, um die starren Fronten der Diskussion etwas aufzulockern. »Wenn irgend etwas Tragisches geschieht, wenn ich zum Beispiel eine tödliche Krankheit bekomme oder mein blendendes Aussehen verliere.«
Dorothy empfindet diesen Beitrag als eher störend: »Sag uns rechtzeitig Bescheid, Blanche...«, kommentiert sie knapp, um sich um so leidenschaftlicher Sophia zuzuwenden: »Ma, ich verbiete dir das.«
»Dorothy, manchmal vergißt du, daß ich die Mutter bin.«
»Das hat damit nichts zu tun.«
»Das hat alles damit zu tun. In den fünfundzwanzig Jahren, die ich älter bin als du, habe ich etwas gelernt.« Und nach einer Pause angestrengten Nachdenkens: »Ich wünschte, ich könnte mich daran erinnern, was es ist. O ja, jetzt hab ich's: Es kommt nicht darauf an, ob du mit jemandem übereinstimmst, sondern darauf, daß du für den Menschen da bist, wenn er dich braucht.«
Rose ist noch immer ganz Opposition: »Sophia, ich kann nicht glauben, daß du so was tust. Weißt du, mich erinnert die Geschichte an Gunilla Ulfstadder, St. Olafs ganz persönlicher Todesengel.«
Das interessiert Dorothy: »Erzähl mal, Rose, wie war das?«

»Wirklich? Von Anfang bis Ende?«
»Von Anfang bis Ende. Aber bitte versuch das Ende so nahe wie möglich an den Anfang ranzubringen.«
»Also, Gunilla Ulfstadder war Krankenschwester im St. Olaf Krankenhaus. Eines Abends versorgte sie Sven Bjornson, und der bat sie, ihm noch etwas zu trinken zu bringen und ihn anschließend umzubringen. Gunilla brachte ihm ein Glas Wasser, aber das mit dem Umbringen, äh, das war irgendwie gegen alles, was man ihr bis dahin beigebracht hatte.«
»Ich muß sagen, du bist richtig in Hochform, Rose.«
»Na ja, also er bettelte und bettelte, und weil sie auch gerade Kaffeepause hatte, konnte sie's zum Schluß nicht mehr mit anhören. Da hat sie eben den Stecker rausgezogen, und er ist gestorben. Aber dann war sie an diesem Abend wie erschlagen von Schuldgefühlen. Nicht nur, weil sie ihren Wagen auf einem Parkplatz für Ärzte abgestellt hatte, sondern auch, weil sie nicht sicher war, ob Sven sie nicht nur wegen seiner großen Schmerzen gebeten hatte oder weil er unter Einfluß von Medikamenten stand und ob vielleicht gar nicht er, sondern der Kerl im nächsten Bett das gesagt hatte. Ihr müßt nämlich wissen, das war Ingmar von Burgen, der bekannteste Bauchredner in St. Olaf.«
»Rose, die Pointe der Geschichte findet doch irgendwo einen Landeplatz, nicht wahr? Wenn nicht, dann schneide ich dir lieber die Zunge raus.«
»Ja ja, Sven ist irgendwie in Gunillas Leben zurückgekommen, um sie zu verfolgen. Seit jenem Dienstag

abend kommt er jeden Dienstag abend gegen zehn. Also, nicht ganz genau, aber...«
Jetzt haut Dorothy auf den Tisch: »Schluß!«
»Und dann hört sie Geräusche. Einige sagen, es wäre der Wind, aber andere meinen, es wäre Svens Stimme, und er würde sagen, ›Gunilla, dreh dich um, sieh nur, seine Lippen bewegen sich!‹«
»Siehst du, Ma? Bring nur mal jemanden um, und schon landest du in einer von Roses Geschichten. Willst du etwa, daß es soweit mit dir kommt?«
»Ach, weißt du, darüber werde ich mir später Sorgen machen«, entgegnet Sophia gelassen. »Was ich tun muß, muß ich tun. Gute Nacht, Schmusekätzchen.«

2. Akt
4. Szene

Marthas Wohnung – am nächsten Abend

Martha öffnet Sophia die Tür. »Du bist also gekommen«, stellt sie fest und kann ihre Überraschung nur schwer verbergen.
Sophia tritt ein: »Ich habe doch gesagt, daß ich komme.«
»Dann tritt näher und setz dich. Ich muß dir etwas zeigen.«
Die beiden setzen sich auf das Sofa, und Martha zieht einen Diamantring aus der Tasche. »Sieh mal, zehn

Karat und absolut rein... Ich hab ihn heute gekauft, rechtzeitig, haha.«

»Sehr hübsch. Also hör mir zu, ich hab mir gedacht, vielleicht solltest du doch lieber nicht...«

Aber Martha unterbricht sie ungeduldig: »Nein, ich muß gehen. Ich fühle mich glücklich. Gefällt dir der Ring?«

»Er erinnert mich an einen Drehknauf, den ich damals in Brooklyn an der Tür hatte.«

Das bringt die zum Tode entschlossene Martha erst mal zum Lachen, und lachend gibt sie Sophia den Ring: »Das ist nur meine Art, Dankeschön zu sagen. Nun, ich denke, ich habe alles geregelt. Und du paß bitte auf, daß sie mir keinen Lippenstift auf die Zähne bringen.«

»Mach dir keine Sorgen. Ich nehme sie dir raus und überprüf sie persönlich.«

Martha scheint beruhigt und hakt etwas auf einer Liste ab. »Tja, dann ist es, glaub ich, ähm, Zeit zu gehen.« Sie nimmt ein Fläschchen mit Pillen vom Tisch. »Wirst du meine Hand halten?«

»Das weißt du doch.«

Martha beginnt jetzt, die Verschlußkappe des Pillenfläschchens abzuschrauben. »Ich bin sehr froh, daß ich nicht allein gehen muß.«

»Erinnerst du dich noch, wie wir uns kennengelernt haben?«

»Ja. Vor ungefähr acht Jahren. Wir lagen im gleichen Krankenzimmer. Du hattest Herzbeschwerden. Bei mir war's die Gallenblase.«

»Aus Versehen gaben sie dir mein Sprudelbad.«
»Du hast meinen Pudding gegessen. Es war ein schrecklich kleines Zimmer. Wir konnten es gar nicht erwarten, da wieder rauszukommen.«
»Weil wir leben wollten.«
»Ja, ich erinnere mich.«
»Erinnere dich genauer. Erinnere dich ans Leben.«
»Davon hätte ich nicht viel. Ich bin nicht wie du. Du lebst mit Freunden und Familie zusammen... mit Feiertagen und menschlicher Wärme... Ich höre in Stille.«
»Wir werden miteinander reden. Jeden Tag werden wir das. Du wirst zu uns kommen am Thanksgiving, zu Weihnachten, jeden Freitagabend. Und wenn ich nicht da bin, dann kannst du jederzeit mit Rose reden.«
»Nein, ich möchte gehen. Lydia sah so friedlich aus.« Und entschlossen umfaßt Martha die Pillenflasche.
»Wir sind nicht in diesem Leben gelandet, um Frieden zu haben«, wendet Sophia ernst ein.
»Du weinst ja.«
»Na, überhaupt nicht. Ich heule doch nicht.«
»Ich kann deine Tränen sehen.«
»Und ich sehe deine. Weißt du, was mir das sagt?«
»Was?«
»Du bist gar nicht so sehr zum Sterben bereit, wie du glaubst. Du willst immer noch ganz gerne leben, Kind.«
»Ein bißchen Kind, ja. Ich weiß nicht, was ich tun soll.«

»Genau das ist der springende Punkt. Wenn du dir heute nicht sicher bist, kannst du morgen deine Meinung nicht ändern. Du wolltest, daß ich zu deinem Tode herkomme. Wie wär's, wenn du mich zu einem neuen Lebensabschnitt begrüßen würdest?«
»Als Freundin?«
»Als deine beste Freundin«, verspricht Sophia und umarmt ihre beste Freundin.

2. Akt
5. Szene

Küche – eine Stunde später

Wieder einmal wird Franky-Boy durch die Küche getragen, diesmal von Blanche. Rose hat das Thermometer unter Babys Arm gesteckt. Dorothy geht nervös auf und ab.
Das wiederum macht Blanche nervös: »Dorothy, Liebling, setz dich hin. Hin- und herlaufen hilft nichts.«
»Ich kann nicht aufhören, an Ma zu denken.«
Rose hat mittlerweile das Thermometer abgelesen und triumphiert: »Seht euch das an. Perfekt, 36,7!«
»Das hört sich gut an.«
»Na, Gott sei Dank, es geht ihm besser«, läßt sich auch Dorothy ablenken.

Blanche sieht eine Chance, das Bündel kurzfristig loszuwerden: »Hier, nimm. Ich bin total fertig.« Und gibt Rose das Baby. »Ach, ich glaube, es muß einen Grund dafür geben, warum Frauen in den Zwanzigern Babys bekommen anstatt in den Vierzigern.«
»Blanche, das einzige, was in diesem Zimmer an die Vierziger einnert, ist deine Frisur«, kommentiert Dorothy bissig. In diesem Augenblick kommt Sophia ins Zimmer. »Ist schon gut. Sie hat sich's anders überlegt«, beruhigt sie ihre aufgeregte Tochter.
»O wie schon, Gott sei Dank.« Auch Blanche fällt ein Stein vom Herzen.
Die Türglocke meldet Besuch an. »Das werden die Lillestrands sein«, vermutet Rose völlig zu Recht. Es ist also die Zeit zum Abschied nehmen gekommen. Dorothy faßt ihre Gefühle herzlich, aber sachlich zusammen: »Frank, wir lieben dich, aber jetzt bist du draußen.«
Und während auch Rose und Blanche das Zimmer verlassen, hat Sophia dem kleinen Franky-Boy noch etwas Lebensweisheit mit auf den Weg zu geben: »Laß mir eine Minute Zeit«, bittet sie Dorothy und erklärt dann dem Baby: »Hör mal zu, kleiner Mann, du fängst gerade an. Du hast noch einen langen, weiten Weg vor dir. Bleib immer schön angeschnallt. Es gibt eine Menge Steigungen und Kurven.« Sie drückt Franky-Boy an sich, und das Kind beginnt – entweder aus Abneigung gegen Philosophie oder heftiges Drücken – zu weinen. »Hör auf damit, sonst kommen die anderen rein und singen wieder!« Da hört das Weinen abrupt auf.

Komödie der Irrtümer

Diese Geschichte ist gekennzeichnet durch das häufige und immer wiederkehrende Problem der eigenen Unsicherheit. Aber was üblicherweise in Film und Fernsehen als exklusive Domäne von belagerten Eltern, händeringenden Geschiedenen oder seelisch gefolterten Teenagern dargestellt wird, präsentiert sich hier als alltägliche Begebenheit im späteren »Mittelalter«. Dorothy, normalerweise die warme, standhafte Stimme der Beruhigung, wird plötzlich von einem seltenen Anfall brütender Selbstanalyse ergriffen, nachdem sie eine alte Schulfreundin, Helen Colquist, wiedergetroffen hat: »Sie ist gerade nach Miami umgezogen, wir haben nur kurz miteinander gesprochen und wollten uns heute treffen. Ich hab sogar das alte Jahrbuch ausgegraben, damit wir in Erinnerungen schwelgen können. Gestern nacht erlitt sie einen Herzanfall und ist gestorben.« Aber auch als Dorothy mit dramatisch wachsender Geschwindigkeit die Namen ehemaliger Klassenkameradinnen herunterhaspelt, die alle mittlerweile durch Herz-, Auto- und sonstige Unfälle zu Tode gekommen sind, bleibt Sophia von der Tragik unbe-

rührt und spart nicht mit sarkastischen Kommentaren.
Dorothy, mit sich selbst nicht im reinen und von Zweifeln geplagt, gibt zu erkennen, daß ihr eigener, ganz privater amerikanischer Traum eigentlich immer der war, einmal auf der Bühne zu stehen und Witze zu reißen. So kommt es dann dazu, daß Dorothy eines Abends in einer Amateurvorstellung auf der Bühne eines lokalen Komödienclubs auftritt. Sie skizziert dabei in sarkastischer Bissigkeit das häusliche Leben mit ihren Freundinnen und der Mutter, die sie als »unglaublich schrumpfende Frau« charakterisiert. »Wissen Sie, in unserem Alter, wir alle vier im gleichen Haus, da machen wir so viele Hormonwechsel durch, daß wir vor lauter heißer Entflammung abends ohne Licht lesen könnten.«
Vor der um sich greifenden Unsicherheit im Haus der Golden Girls bleibt auch Rose nicht verschont, die von dem Gefühl ergriffen wird, nicht hinreichend gemocht zu werden. Sie beschließt, nun nett zu allen zu sein, denn nett sein, so glaubt sie, verhelfe ihr zu sofortiger Popularität.
Auch der normalerweise frechen Blanche wird in dieser Folge der rutschsichere Teppich der Selbstsicherheit unter den Füßen weggezogen. Nachdem sie einen bitterbösen Brief von der Steuerbehörde bekommt, oder, wie sie es ausdrückt, »Dreck durch die Post«, zeigt sich Blanche ungewohnt mutlos und verletzlich, was sie aber nicht daran hindert, den Mann von der Steuer an sich zu ziehen, in der Hoffnung,

sich durch höchstpersönlichen Einsatz von der ungeliebten Steuerlast befreien zu können.

Besetzung

Dorothy, Rose, Blanche, Sophia, Roger Barton, Ronny Lark, Gloria Schmidt, Komikerin

1. Akt

1. Szene

Wohnzimmer – Tag

Dorothy räkelt sich auf der Wohnzimmercouch, Blanche kommt mit der Post zur Haustür herein und übergibt Dorothy den Packen. Blanche schnappt sich einen an sie adressierten Brief, öffnet ihn und wird wütend: »Oh, oh, oh! Man kann keinen Umschlag mehr öffnen, ohne von irgendwelchen widerlichen, abschreckenden Dingen angemacht zu werden! Ich dachte, es wäre gesetzlich verboten, solche Unflätigkeiten mit der Post zu verschicken!«

»Pfui! Was ist es denn Blanche?« erkundigt sich Dorothy mit Abscheu in der Stimme.

»Ein Brief vom Finanzamt. Sie wollen bei mir eine Buchprüfung machen.«

»Au, das macht Ärger. Aber du brauchst dir ja keine Sorgen zu machen...«, tröstet Dorothy, um gleich darauf, als sie bemerkt, daß Blanche schuldbewußt dreinsieht, zu fragen: »Oder doch?«

»Nein, natürlich nicht. Aber ihr wißt ja, was das für Krümelkacker sind. Du vergißt ein Pünktchen auf dem ›i‹, irgendeine winzige Kleinigkeit gibst du nicht an, und sie machen aus einer Mücke einen Elefanten.«

Was hättest du denn da als Mücke anzubieten, Blanche?«

»Dich.«

»Mich?« fragt Dorothy ungläubig.

»Und Rose und Sophia«, bestätigt Blanche ungerührt. »Ich glaube, in den letzten fünf Jahren habe ich möglicherweise vergessen, daß ihr bei mir wohnt und Miete bezahlt.«

»Du hast uns einfach aus deinem Gedächtnis gelöscht?«

»Natürlich nicht, Liebling. Aber weißt du, ich betrachte euch mehr als Familie. Wie würde das denn aussehen, wenn sie denken müßten, ich würde von meiner eigenen Familie Miete verlangen?« Blanche prüft in Gedanken kurz die Glaubwürdigkeit dieser Erklärung und lächelt dann zufrieden.

»Ja, da ist was dran«, bestätigt auch Dorothy.

»Ihr kriegt wahrscheinlich nie Nasenbluten durch Höhenwanderungen, weil ihr immer nur den geraden Weg geht. Ach, das ist heute so ein Tag, der nur Aufregung produziert!«

»Für uns beide.«

»Wieso, was ist denn bei dir?« will Blanche wissen und schaut Dorothy gespannt an.

»Ach, ich hatte eine alte Freundin aus der High-School-Zeit getroffen, Helen Colquist. Sie war gerade nach Miami umgezogen. Wir haben ein bißchen zusammen gequatscht und uns dann für heute abend verabredet. Ich hab sogar das alte Jahrbuch ausgebuddelt, damit wir in Erinnerungen schwelgen können.«

»Ach ja?« Blanche hat das Interesse an der Geschichte schon fast verloren.
»Ja. Gestern nacht erlitt sie einen Herzanfall und ist gestorben.«
»Oh, das tut mir aber leid.« Blanches Aufmerksamkeit ist durch diese überraschende Wendung neu geweckt.
»Mir auch. Ich hab mich hingesetzt und mir das Buch angesehen, und ich kann gar nicht fassen, wie viele meiner Klassenkameraden von uns gegangen sind.«
»Hmmm...«, murmelt Blanche zustimmend.
»Es ist unglaublich.« Dorothy blättert im Jahrbuch. »Hier... Frank Bonitardi, einer der Besten im Fußballteam, Herzattacke – tot.«
»Ach, Dorothy, betrachte das nicht so, als ob Frank tot wäre. Denke einfach, Gott habe ihm gesagt, er solle abtauchen.«
Dorothy, die ihrer Freundin kommentarlos zugehört hat, beugt sich wieder über das Buch: »Oh, David Brittingham...«
»Was ist denn mit dem?«
»Gott empfahl David, mit achtzig Meilen pro Stunde gegen eine Mauer zu fahren.«
Sophia hat mittlerweile das Zimmer betreten und den letzten Satz mitangehört: »Was macht ihr denn?« fragt sie verständnislos.
»Dorothy geht ihr High-School-Buch durch, um zu sehen, wer schon alles tot ist.
»Ja, das ist mein Schmusekätzchen«, lächelt Sophia, »immer Spaß, Spaß, Spaß.«

»Ma, erinnerst du dich an Helen Colquist?« Dorothy hat beschlossen, den Kommentar ihrer Mutter nicht zur Kenntnis zu nehmen.

»Diese unheimlich dicke Fettel mit einem Holzbein und einer total kahlen Katze namens Cincinnati Jake?«

»Nein«.

»Dann kann ich mich nicht erinnern.«

Dorothy hat in ihrem Buch schon wieder etwas Neues entdeckt. »Ach, Ma, sieh dir das an, eine Liste der Dinge, die ich in meinem Leben gerne machen würde.«

»Weißt du«, erinnert sich Blanche träumerisch, »ich hatte auch mal so eine Liste, das meiste davon habe ich auch gemacht... außer das mit Burt Lancaster.«

»Ich habe noch nicht mal die Hälfte von meiner Liste abhaken können. Aber wie auch, ich bin nur eine Aushilfslehrerin. Und ich werde nie reich sein, bevor ich einundzwanzig bin. Ich werde nie das arme Mädchen sein, das als Königin heimkehrt.«

»Königin kannst du immer noch werden«, erklärt ihre Mutter bestimmt«, aber du mußt dich nach einem anderen Schloß umgucken.«

»Was ist denn sonst noch auf deiner Liste, Dorothy?« will Blanche im Verschwörerton wissen.

»Ach, ich wollte immer gern die Leute unterhalten.«

Die Vorstellung bringt Blanche zum Lachen: »Du? Als Entertainer?« gluckst sie.

»Na ja, ich war mal Mitglied in einer Theatergruppe. Und ich wurde zum humorvollsten Mädchen meiner Klasse gewählt.«

»Sie ging auf eine Sonderschule für Dummerchen«, erläutert Sophia liebenswürdig.
»Ist gar nicht wahr«, protestiert Dorothy.
»Okay, dann eben nicht. Es ist Zeit zum Abendessen.«
»Dorothy, erzähl mir, was sonst noch auf der Liste war. Du als Entertainerin!« Mit schallendem Gelächter macht sich Blanche auf den Weg in die Küche.

1. Akt
2. Szene

Küche – Tag

In der Küche angekommen, enthüllt Dorothy den Rest ihrer Wunschliste: »Die Leute unterhalten, mein Diplom kriegen, und ich wollte mit Michael Delvecchio schlafen.«
»Moment mal«, stutzt Blanche, »Michael Delvecchio? So ein großer mit schwarzen Haaren und einem Muttermal auf der Backe? Der Versicherungen verkauft in New York City?«
»Ja genau«, bestätigt Dorothy.
»Da hast du nicht viel verpaßt«, tröstet Blanche.
Doch Dorothy will sich nicht trösten lassen: »Aber das Schlimme ist eben, daß ich nichts von den Dingen auf meiner Liste getan habe. Alle meine Träume sind un-

erfüllt geblieben. Und darüber habe ich auch mit Helen Colquist gesprochen. Sie sagte, sie wäre immer gerne ins Heilige Land gefahren und jetzt würde sie's tun. Sie hatte gerade ihre Tickets gekauft. Und jetzt ist sie tot.«

Strahlend kommt in diesem Augenblick Rose in die Küche. »Hey. Was für ein toller Tag«, schwärmt sie.

»Bei dir auch?« fragt Dorothy zweideutig.

»Kennst du Roger Barton, meinen Arbeitskollegen? Er mag mich nicht. Aber mich haben sonst immer alle gemocht.«

»Dann solltest du mal dein Verhältnis zu den Mitmenschen überprüfen«, findet Blanche. »Alle müssen dich nicht mögen.«

»Das tun sie aber. Du, Dorothy, bist die Schlaue, Blanche, du bist das Sexygirl, Sophia, du bist die Alte, und ich bin eben die Nette. Alle mögen mich.«

»Bis auf die Alte, die ist gar nicht begeistert von dir«, meldet sich Sophia erbost ob dieser Einstufung zu Wort.

»Die anderen im Büro mag Roger alle«, erzählt Rose weiter. »Ich weiß nicht, warum er mich nicht mag. Ich übernehme mich förmlich vor Freundlichkeit. Weißt du, dieser glückliche Gedanke des Tages, den ich immer aufschreibe und an alle verteile, nicht mal den mag er. Aber ich habe einen Plan.«

»Und wie geht dein Plan?«erkundigt sich Blanche.

»Sein Hund ist tot.«

»Und das hattest du geplant?« staunt Dorothy.

»Nein, aber ich werde seinen Hund ersetzen.«

»Willst du ihm die Pantoffeln apportieren? Das machst du ja nicht mal bei mir.«
Dorothy hat den Plan offensichtlich noch nicht ganz verstanden. Rose schafft deshalb detailliert Klarheit: »Das nicht, ich besorg ihm ein neues Tier. Sein Hund hat am elektrischen Zaun das Bein gehoben und Funken gesprüht. Ich geh ins Tierheim, hol ihm einen neuen und zeig ihm damit, wie leid mir das tut.«
»Ahm, Rose«, gibt Blanche vorsichtig zu bedenken, »ich befürchte, du gibst dir da etwas zu viel Mühe.«
Dorothy ist da ganz anderer Meinung. »Nein, das finde ich nicht. Rose, ich bewundere dich. Wenn du irgend etwas willst, dann unternimmst du auch etwas. Und ich? Ich träume bloß.«
»Träumst du wieder von deinem Showfimmel?« Sophia kennt ihre Tochter.
»Ja, davon träume ich, Ma. Und im Träumen war ich schon immer gut, schon damals in der Schule. Erinnerst du dich noch an die Varieté-Aufführungen, Ma, die meine Klasse auf die Beine gestellt hat? Da war ich wirklich gut. Ich bin einfach auf die Bühne und hab meine Witze über die Lehrer und das Essen in der Cafeteria gemacht. Erinnerst du dich, Ma? Du nanntest es damals ›tapioca‹.« Die Erinnerung an den Bühnenabend bringt Dorothy zum Lachen.
»Zeitlos. Die Witze überleben hundert Jahre.«
»Die Kinder fanden es riesig. Ich meine, sie mochten mich, sie haben gelacht. Und ich hab mich großartig gefühlt.«

»Ach, Dorothy, wenn es etwas gibt, was du so gerne tun willst, dann mußt du es einfach tun«, macht Blanche ihrer Freundin Mut. »Erinnerst du dich noch an den Amateurabend im Komödienfaß, da hat es uns doch gut gefallen. Und ich glaube, du bist mindestens genausogut wie jeder von denen.«
»Ich könnte es nicht...«, versetzt Dorothy schulterzukkend. »Ich würde da oben stehen und dicke Tomaten schwitzen.«
Sophia denkt da eher praktisch: »Du müßtest ihnen vor allem ausweichen.«
»Nein, nein, du solltest es probieren, Dorothy.« Rose ist mit Blanche einer Meinung. »Wir sind dann bestimmt alle da, gleich in der ersten Reihe Mitte und werden kräftig applaudieren.«
»Aber nein, das ist doch Unsinn. Ich meine, was mache ich, wenn ich da draußen vor Aufregung sterbe?«
»Wen kümmert es denn, wenn du mies drauf bist? Wen kümmert es, wenn keiner lacht? Wen kümmert es, wenn du einen Narren aus dir machst?« Sophia beteiligt sich eher halbherzig an der Motivationsrunde.
»Mich«, antwortet Dorothy mit entwaffnender Offenheit.
»Dann hast du Probleme.«

1. Akt
3. Szene

Wohnzimmer – einige Zeit später

Einige Tage später klingelt Roger Barton an der Tür. Mit der einen Hand trägt er einen Katzenkäfig samt Katze, die andere Hand ist dick bandagiert. Rose öffnet: »Roger, ach Roger, ich kann gar nicht sagen, wie leid mir die Sache mit Sparky tut. Wie geht es denn so?«

»Es ging schon besser, Rose«, antwortet Roger grimmig. »Ich bin gekommen, um mit dir über die Katze zu sprechen, die du mir geschickt hast.«

»Als ich sie im Tierheim sah, wußte ich sofort, das wäre doch das Richtige für dich. Ähm, sie ist ein Kater, ich meine, er ist ein Kater, ich habe ihn Buster genannt, ist das nicht süß?«

»Er hat mir die Hand zerfleischt, Rose«, und dabei zeigt Roger leidend auf seinen Verband.

»Das war Buster?« fragt Rose zweifelnd. »Er schien so lieb zu sein.«

»Vielleicht ist er das sogar, Rose, aber mich kann er nicht leiden. So was passiert einem manchmal im Leben. Ich mag dich zum Beispiel auch nicht.«

»Aber jeder mag mich«, protestiert Rose ohne Überzeugung.

»Das kannst du jetzt nicht mehr von dir behaupten, Rose.«

»Du haßt mich? Wirklich?«

»O ja, das tu ich«, bestätigt Roger mit Nachdruck und überreicht Rose den Katzenkäfig. »Hier hast du deinen Buster wieder.«
»Na ja, du hattest mir erzählt, du wärst ein Tierfreund, und ich dachte, ich könnte dir deinen Verlust ersetzen.«
»Ich habe keinen Ersatz gebraucht. Weißt du, ich hatte doch meinen Papagei.« Und nach einer Pause: »Genau gesagt, ich hatte ihn, bis du diesen Kater aus der Hölle in mein Leben geschickt hast.«
»Du meinst doch nicht...«, Rose wagt nicht, ihre düstere Ahnung auszusprechen.
»O doch«, bestätigt Roger. »Du brauchst Buster eine Weile nichts zu fressen zu geben. Leb wohl, Rose, und wenn du mich auf der Arbeit siehst, dann sage nicht guten Morgen und laß nicht deine fröhlichen Notizen bei mir liegen. Und bitte hör mit den Kasperle-Aufführungen an der Trennwand auf. Am besten, du denkst überhaupt nicht mehr an mich.« Mit dieser Empfehlung dreht sich Roger auf dem Absatz um und geht von dannen.
Sophia, die gerade vorbeikommt, hat den Katzenkäfig bemerkt und schaut hinein. »Oh, wem gehört denn die Katze?«
»Eigentlich niemandem, ich habe sie für jemanden aus dem Tierheim geholt, aber der will sie nicht mehr.«
»Ich habe neulich mit Sara Antonelli gesprochen. Sie hat einen Keller voll Mäuse, sie braucht eine Katze. Meinst du, die hat den Killerinstinkt?«

»Davon bin ich überzeugt.« Rose schenkt Sophia ein wissendes Lächeln. »Er ist ein Kater. Nimm ihn, Sophia, er heißt Buster.«
Sophia nimmt den Käfig auf und wendet sich zur Tür. »Er ist wirklich herzig. Und hast du gesehen, was er für eine fesche, kleine, gelbe Feder hinter dem Ohr trägt? Kitte kitte kitte Kätzchen...«

1. Akt
4. Szene

Küche – am selben Abend

Am selben Abend sitzt Dorothy in der Küche und ist mit der Verwirklichung ihres Traumes beschäftigt. Für einen Auftritt als Entertainerin notiert sie Witze. Blanche kommt mit einem Karton herein.
»Was hast du in der Schachtel, Blanche?« will Dorothy wissen.
»Jede Quittung und jeden Schnipsel Papier, den ich in den letzten fünf Jahren gesammelt habe.« Sie öffnet die Schachtel und schaut gewissenhaft hinein. »Oder ein paar Schuhe«, meint sie gleich darauf und läßt auch Dorothy in die Schachtel schauen, in der sich tatsächlich Schuhe befinden. »Dorothy, was soll ich denn machen? Ich treffe mich morgen mit meinem Steuerberater. Und er hat mir gesagt, ich soll alles mitbringen.«

»Dann solltest du einen Kuchen mitnehmen, mit einer Feile drin«, rät Dorothy ohne Mitleid für die verzweifelte Blanche. »Wo sind deine Quittungen, Blanche?«
»Ich dachte, man braucht nur 'ne Quittung für den Fall, daß man das neue Kleid zurückgeben will. Ich bin eine Niete in solchen Sachen.«
»Ja«, pflichtet Dorothy bei, »das schimmert so langsam bei dir durch.«
»Als ich verheiratet war, ging das alles viel einfacher. Wenn ich irgend etwas Teures gekauft hatte, dann schrie mich George an, und ich zog ein durchsichtiges Nachthemd an. Damit hatte sich die Sache erledigt. Warum kann die Behörde nicht genauso reagieren?«
»Wenn man den Zeitungen glauben kann, tun sie das öfters. Sag mal, das Geld, das du vergessen hast, an die Steuer abzuliefern... Was hast du damit gemacht?«
»Wie soll ich denn wissen, was ich mit jedem Penny gemacht habe.« Blanche ist sichtlich verwirrt und denkt nach. Dann fällt ihr etwas ein: »Ich weiß nur, daß etwas davon für wohltätige Zwecke war.«
Jetzt sieht Dorothy einen Hoffnungsschimmer. »Gemeinnützige Spenden sind abzugsfähig, Blanche, das ist gut. Was war das? Die Wohlfahrt, Greenpeace oder was?«
»1985 hab ich das Album gekauft ›We are the world‹.« Blanche verläßt mit entschlossenem Schritt das Zimmer und Sophia tritt ein: »Dorothy, hast du meine Zähne gesehen?«
»Du hast sie im Mund, Ma.« Dorothy kennt das.

»Das weiß ich. Findest du, daß sie gut aussehen? Ich hatte sie in der Geschirrspülmaschine.«
»Na, da hast du ja mal wieder Gasthof mit Gustav verwechselt.« Ein verzweifelter Augenaufschlag der Tochter trifft die Mutter.
»Wieso, hab ich da was falsch gemacht?«
»Laß nur, Ma«, Dorothy gibt es auf. »Würdest du gerne einen Witz hören?«
»Etwas aus deiner Rolle?«
»Ja, könnte sein. Ich, ähm, ich war im Komödienfaß und hab für Montag Abend unterschrieben«, berichtet Dorothy etwas verlegen. »Ich möcht es gern bei dir ausprobieren.«
»Okay, bring mich zum Lachen.«
»Also gut, es geht los. Da soll es mal einen Arzt gegeben haben...«
»Soll es gegeben haben?« unterbricht Sophia abschätzig. »Was ist das, existentialistischer Humor? Gab es einen Arzt oder gab es keinen?«
»Ja ja, schon gut, es gab diesen Doktor. Er saß im Park...«
Doch Sophia unterbricht sie schon wieder: »In welcher Jahreszeit?« will sie wissen.
»Wieso ist das wichtig?«
»Du mußt die Szene ausgestalten.«
»Wer erzählt denn hier den Witz?«
»Im Moment noch niemand«, kritisiert Sophia und lehnt sich erwartungsvoll zurück.
»Weißt du, Ma, es wäre ganz nett, wenn du mich ein bißchen unterstützen würdest.«

»Ich habe mein Leben lang nichts anderes getan. Weißt du noch, als du nach Kanada ausreisen wolltest, nur damit du nicht eingezogen wirst?«
»Ma, das war mein Bruder Phil.«
»Oder so, ja«, murmelt Sophia zerstreut. »Hab ich jetzt glatt verwechselt. Er hatte dein Kleid an. Okay, wie wär's mit damals, als du unverheiratet, aber schwanger warst?«
»Ja, das war hübsch«, gibt Dorothy zu, »ich erinner mich noch genau an deine Worte: Mach, daß du aus meinem Haus kommst. Du bist tot. Ich habe keine Tochter namens Dorothy.«
»Na ja, wenn du es so betonst, dann klingt es böse. Aber jetzt unterstütze ich dich ja schließlich. Bin ich nicht hergekommen, um in deinen Dämmerjahren bei dir zu sein?«
»Ma, es sind deine Dämmerjahre.«
»Machst du Witze?« poltert jetzt Sophia in gespielter Empörung. »Ich sollte längst tot sein. Deine Dämmerjahre sind es, deine.«
»Ma, nie warst du so wichtig wie heute. Ich bin drauf und dran, etwas zu tun, was wirklich wichtig für mich ist. Ich meine, ich könnte voll auf die Schnauze damit fallen.«
»Fall auf den Hintern«, rät Sophia, »das ist komischer.«

2. Akt

1. Szene

Wohnzimmer – am nächsten Tag

Am nächsten Tag ist im Wohnzimmer Generalprobe für Dorothys Auftritt. Mit der Stoppuhr mißt Sophia die Länge der Darbietung: »Fünf Minuten und zehn Sekunden.«

»Ach, das ist ein bißchen lang. Was soll ich kürzen?«

»Nachdem ich das alles gehört habe«, baut Sophia ihre Tochter moralisch auf, »würde ich sagen, mach dich selbst um einen Kopf kürzer.«

Dorothy verschluckt die passende Antwort und begrüßt statt dessen Blanche, die gerade ins Zimmer kommt: »Hi, Blanche. Wie war's beim Steuerfritzen?«

»Ausgezeichnet«, strahlt Blanche. »Während ich im Warteraum saß, da habe ich in einer Illustrierten die zehn reichsten Männer Amerikas kennengelernt. Und ich weiß jetzt, Merv Griffin ist ein paar Stufen raufgerutscht.«

»Vielleicht hat er zwei von den Jungs vor ihm gefressen.«

»Jedenfalls habe ich Neuigkeiten von meinem Steuerprüfer, am Dienstag ist der Termin.«

»Ach du Ärmste.«

»Du verstehst das, glaube ich, völlig falsch«, widerspricht Blanche vehement. »Der Mann hat mich daran erinnert, daß ich bei den vergangenen Prüfungen nie einen Penny nachbezahlen mußte. Das ist so meine Art mit den Steuerprüfern. Das letzte Mal hab ich vom Staat sogar was zurückbekommen.«

»Blanche, nennst du das eine Rückzahlung, wenn der Buchprüfer fünfzig Dollar auf deinem Nachttisch zurückläßt?«

Mit einer großen Kuchenschachtel kommt jetzt Rose aus der Küche. »Wollt ihr mein Vanskap Kaka sehen?« fragt sie herausfordernd in die Runde.

»Solange ich dir nicht meins zeigen muß«, willigt Sophia ein.

»Es ist ein St. Olafs Freundschaftskuchen. Ich bringe ihn Roger. Er besteht aus Milch, Zucker, Honig, einer großen Portion Liebe und einer kleinen Prise Sonnenschein.«

»Warum läßt du den armen Mann nicht in Ruhe, Süße?« Blanches Frage ist eher eine Aufforderung.

»Eins weiß ich genau, wenn er mich erstmal kennengelernt hat, dann mag er mich auch.«

»Wie kommst du darauf?« fragt Sophia verständnislos. »Ich kenn dich gut. Und mag dich nicht.«

»Das sagst du bloß so.«

»Aber dauernd«, gibt Sophia trocken zurück und bringt Rose damit zum Lachen.

Dorothy lenkt das Gespräch wieder auf ernsthaftere Bahnen. »Rose, du bist regelrecht besessen von deinem irrationalen Verlangen, Roger so weit zu bringen, daß er dich mag. Warum tust du das?«

»Ich glaube, es begann alles, als ich ein kleines Kind im Waisenhaus war. Nur glückliche und nette Kinder wurden adoptiert. Da hab ich versucht, auch nur noch nett und glücklich zu sein. Und es ist wahr, wenn du jemanden wirklich nett behandelst, dann nimmt er dich mit nach Hause.«

»Daß das die Wahrheit ist, davon war ich immer überzeugt«, kommentiert Blanche mit lüsternem Unterton.

»Im Moment fühl ich mich wie das kleine Kind im Waisenhaus.« Rose stößt einen tiefen Seufzer aus.

»Okay, Rose«, Blanche hat sich für Klartext entschieden. »Ich werde dir eine kleine Geschichte über ein junges Mädchen in der High-School erzählen, das gar nicht so sicher war, ob es von den anderen gemocht wurde. Aber sie hätte für die anderen alles getan, um Anerkennung zu finden. Sie hätte für sie die Schularbeiten gemacht, auch wenn sie selbst dadurch schlechte Noten bekommen hätte. Sie hätte ihnen ihr Taschengeld aufgebessert in der festen Überzeugung, daß sie damit Anerkennung erkaufen könnte. Schließlich schenkte sie, arm und verzweifelt, aus lauter Sucht nach Zuneigung dem ersten Jungen, der ihr ein bißchen Aufmerksamkeit entgegenbrachte, ihre Jungfräulichkeit.«

Dorothy hat Blanche aufmerksam zugehört und schaut nun verblüfft. »Oh, Blanche, ich wußte ja gar nicht, daß wir so vieles gemeinsam haben.«

»Wir haben überhaupt nichts gemeinsam. Das ist eine Geschichte, die mir Sophia von dir erzählt hat.«

Diese Pointe kann Dorothy jedoch nicht vom Thema ablenken. »Rose, es ist doch Tatsache, daß es immer jemanden geben wird, der dich nicht mag.«

»Ja, und wenn du diese eine Person gefunden hast, mußt du um so mehr versuchen, sie soweit zu bringen, daß sie dich doch noch mag. Habe ich dir schon die Geschichte mit Herde Shornbohrst erzählt?«
»Schon viele, viele Male«, baut Blanche vor.
»Ja, das hast du«, versucht auch Sophia die Darbietung ausufernder Lebensweisheiten zu verhindern.
»Na, dann wißt ihr ja, daß er St. Olafs berühmtester Schafhirte war. Und Herde Shornbohrst pflegte zu sagen, du kannst hundert Schafe haben, aber wenn sich eines verläuft, dann ist es genau das, welches du suchen gehst«, erklärt Rose und geht selbst.
»Rose muß sich ein paar neue Rollenmodelle einfallen lassen«, findet Dorothy.

2. Akt

2. Szene

Hausgang – Tag

Rose hat sich auf den Weg zu Rogers Wohnung gemacht. Bewaffnet mit ihrer Kuchenschachtel, steigt sie aus dem Fahrstuhl und klingelt an der Tür. Roger öffnet mit einem freundlichen Lächeln: »Rose, gerade habe ich an dich gedacht.«
»Wirklich?« Rose ist jetzt überzeugt, daß sich die Dinge zum Guten ändern werden.

»Ja. Meine Hand hat so wehgetan.«
»Ich hab dir einen Vanskap Kaka mitgebracht. Es ist der traditionelle Freundschaftskuchen von St. Olaf.«
»Rose, ich will keine Geschenke von dir«, verwahrt sich Roger nun energisch gegen diesen neuen Freundschaftsbeweis. »Ich will wirklich nichts mit dir zu tun haben. Aber vielleicht darf ich dir eine Frage stellen: Ähm, äh, was ist deine Auffassung von einem Freund?«
»Nun, ein Freund ist jemand, der einen mag und respektiert und willens und in der Lage ist, etwas für einen zu tun.«
»Also, wenn ich, äh, dein Freund wäre, wärst du bereit, dann etwas für mich zu tun und meine Wünsche zu respektieren?«
»Natürlich, das müßte ich dann«, erwidert Rose, die nicht so recht versteht, worauf Roger abzielt.
»Also, ich hab dich gebeten, mich in Ruhe zu lassen, aber du tust es nicht. Ich meine, was für eine Freundin bist du?«
»Aber du hast doch gesagt, du wärst gar nicht mein Freund«, stellt Rose klar.
»Und wenn ich dir nun sagte, ich wäre dein Freund?«
Rose runzelt die Stirn und überlegt. »Dann müßte ich deinen Wünschen folgen, denn dann wärst du ja mein Freund.«
»Gut, dann sind wir Freunde«, strahlt Roger und streckt die Hand aus.
»Meinst du das im Ernst?«
»Auf ewig! Aber vergiß ja nicht, mich in Ruhe zu lassen.«

»Gut«, verspricht Rose. »Dazu sind Freunde schließlich da.«
Roger drückt den Aufzugsknopf und verabschiedet sich schon mal: »Mach's gut, Freundin.«
»Vielen Dank, Roger. Du weißt gar nicht, wie viel es mir bedeutet hat, das von dir zu hören.«
Roger geht zu seiner Wohnung und knallt die Tür hinter sich zu. Rose steigt in den Fahrstuhl. »Auf bald, mein Freund!«

2. Akt
3. Szene

Komödienclub hinter der Bühne – am nächsten Abend

Dorothys Auftritt im Komödienclub steht unmittelbar bevor. Hinter der Bühne wartet die Künstlerin zusammen mit Blanche, Rose und Sophia auf das Zeichen des Regisseurs.
»Du siehst ja ganz blaß aus. Fehlt dir was?« sorgt sich Blanche.
»Ich dachte gerade daran, ob es wirklich so wichtig ist, daß man sich seine Wunschträume erfüllt. Ich meine, was soll's?«
»Nun mach aber mal 'n Punkt, Dorothy, jetzt bist du so weit gekommen, jetzt mußt du es auch zu Ende bringen.«

»Und wenn keiner lacht?« Dorothy schaut ihre Sekundanten hilfesuchend an.
»Dann weißt du, wie George Bush zumute ist, wenn er einen Witz macht.«
Im Kostüm eines Zeremonienmeisters kommt Regisseur Ronny auf die Damen zu. »Okay, wer von euch war die Nummer vierzehn?« will er wissen.
»O Gott«, wimmert Dorothy, »die hab ich, ich hab die Nummer vierzehn.«
»Okay, Süße, du bist die nächste.«

2. Akt
4. Szene

Komödienclub – abends

Zitternd macht sich Dorothy auf den Weg zur Bühne. Gedämpft hört sie die Verabschiedung des Komiker-Talents Nummer dreizehn: »Und dann sagte mein Bernhardiner zu meinem Nachbarn, was gucken sie denn so, haben sie noch nie einen Hund gesehen, der zwei Sprachen spricht? So, und jetzt geh ich mal und wasch mir den Mund mit Seife aus... als dann, gute Nacht und alles Gute!«
Ein freundlicher Applaus des Publikums belohnt den Vortrag und Ronny verabschiedet den Künstler: »Und da geht er dahin, der böse Bube des Lustspiels, unser

Dirty Dicky Hertz. Er ist nicht gerade der Typ, den sie ihrer Mutter vorstellen sollten, meine Damen, aber jetzt, Ladies und Gentlemen...«

Jetzt steht Dorothy im Rampenlicht. Ronny stellt sie mit einer Verbeugung an das Publikum vor: »...möchte ich sie mit einer Dame bekannt machen, die behauptet zu wissen, wer bei Siegfried und Roy der Herr im Haus ist. Also Dorothy, zeig uns, was du kannst, hier kommt Mrs. Dorothy Zbornak.«

»Ich bitte um etwas Nachsicht«, räuspert sich Dorothy verlegen, »ich bin ein bißchen nervös, denn eigentlich bin ich ja keine richtige Komikerin. Aber man lacht auch so über mich. Mann ist das heiß hier oben.«

»Wie heiß ist es?« ruft Sophia auf die Bühne.

»Ich, ich, äh, ich weiß nicht... aber es ist wirklich heiß.«

»Aha!« Wieder läßt sich Sophia laut und deutlich vernehmen.

»Wie ich bereits sagte«, versucht es Dorothy mit einem neuen Anfang, »ich heiße Dorothy Zbornak. Und, ähm, das wird genauso buchstabiert wie es klingt.«

Doch schon gibt es einen neuen Zwischenruf von Sophia: »Du stirbst gleich. Frag uns, wo wir her sind.«

Jetzt aber hat sich Dorothy gefangen: »Das ist meine Mutter, die unglaublich schrumpfende Alte. Sie sitzt dort bei den beiden anderen Frauen, mit denen ich zusammen wohne. Wissen sie, in unserem Alter, wir alle vier in einem Haus, da haben wir so zahlreiche Hormonwechsel, daß wir vor lauter Entflammung abends ohne Licht lesen können. Es ist für uns alle in-

teressant, wenn mal eine mit einem akzeptablen Mann ankommt. Oder, wie wir es nennen, mit einem Lebenden. Obwohl, von mir ist ja bekannt, daß ich mal ein Verhältnis mit einem Mann unterm Sauerstoffzelt hatte. Das Dumme bei diesen Typen ist immer nur, die Frage: ›Bei dir oder bei mir‹ erübrigt sich. Aber irgendeinen Haken gibt's bei jedem Kerl. Das Schwierige bei den Männern hier in Miami ist, daß sie einfach nicht die drei kleinen Worte sagen können ›Ruf den Notdienst!‹«, dabei atmet sie hächelnd, um gleich darauf mit normaler Stimme fortzufahren: »Also, wie gesagt, ich bin eine unterhaltsame Hilfslehrerin, die gerne ihren Spaß hat und gerne Spaß verbreitet und die es ab und zu heiß überläuft, die immer noch mit ihrer Mutter zusammenlebt, von ihr pausenlos gepiesackt wird und dankbar dafür ist, daß Ihr mein Leben lustiger findet als ich. Gute Nacht und ein herzliches Dankeschön. Ihr wart ein wunderbares Publikum, und ich würde euch gerne wiedersehen. Danke.«
Dem Publikum hat die kleine Ansprache gefallen. Ein großer Applaus begleitet Dorothy auf ihrem Weg hinter den Vorhang.

2. AKT
5. Szene

Wohnzimmer – am nächsten Tag

Sophia kommt mit einem Manuskript ins Wohnzimmer, wo Dorothy in einem Sessel sitzt: »Schmusekätzchen, ich habe an einigen Witzen für deine Nummer gearbeitet. Wie findest du den: Warum hat Rose den Wecker aus dem Fenster geschmissen?«
»Wie soll ich das wissen. Warum?« fragt Dorothy verwirrt.
»Weil sie bekloppt ist. Davon hab ich tausend Stück.« Sophia ist die einzige in dieser Runde, die darüber lachen kann, und das tut sie laut und ausdauernd.
»Schon gut, Ma. Ich glaube, ich werde diese Nummer nicht mehr bringen.«
»Wieso das denn? Du warst großartig.«
»Heute morgen ist mir klar geworden«, erklärt Dorothy nachdenklich, »daß sich die Erfüllung meines Traums gestern nicht im geringsten von dem unterscheidet, was ich jeden Tag mache. Jedesmal, wenn ich vor einer Klasse stehe, stehe ich denselben Herausforderungen gegenüber, nur mit einem Unterschied: Ich komme mit etwas nach Hause, was ich gestern abend nicht empfunden habe. Ich meine das Gefühl, den Kindern eine Kleinigkeit beigebracht zu haben. Nein nein, diese Stehaufnummer gestern, das war... wie soll ich sagen, das war wie Sex mit Stan:

Erst war ich furchtbar nervös, dann war's ganz nett mittendrin, und dann war ich absolut begeistert, daß ich es nicht nochmal machen muß.«
In einem, um es vorsichtig auszudrücken, außerordentlich figurbetonten Kleid betritt Blanche den Raum. »Na, wie sehe ich aus?«
»Heute ist wohl deine Steuerprüfung?« tippt Dorothy.
»Ja. Er müßte jeden Moment hier sein.«
»Und wie willst du ihm deinen Aufzug erklären?«
»Vielleicht mit: ›Der Reißverschluß ist hinten?‹«
Aufs Stichwort klingelt es in diesem Augenblick an der Tür. »Wünscht mir Glück«, flötet Blanche, wirft noch einen prüfenden Blick in den Spiegel und macht sich auf den Weg zum Eingang. Dort steht allerdings nicht der Steuerprüfer, sondern eine Dame. »Blanche Devereaux?« fragt sie kühl.
Blanche nickt: »Gloria Schmidt von der Steuerprüfung«, stellt sich die Dame vor. Blanche weiß, wann sie verloren hat: »Kommen Sie bitte mit in die Küche, ich schreibe Ihnen einen Scheck aus.«

Ein kleines bißchen Weihnachten

Weihnachten, das liebliche Fest, ist in Miami mal wieder traditionell sengend heiß. »Es müssen mindestens vierzig Grad sein«, sagt Dorothy. Aber die Hitze hat auch ihr Gutes, sie vertreibt zum Wohle allgemeiner Festtagsstimmung den üblichen beißenden Spott und die täglichen Reibereien, man ist einfach zu faul für sarkastische Betrachtungen. Sogar Sophia bleiben die Boshaftigkeiten im Halse stecken.

Nun hatten die Autoren natürlich nicht vor, zum Fest der Familie eine Friede-Freude-Eierkuchen-Stimmung zu verbreiten und den Tag in Kitsch mit Locken zu verkleiden. Die unerfreulichen Realitäten der Außenwelt werden schnell ins Spiel gebracht. Dorothy zum Beispiel versucht, einen Batman-Hut für ihren Enkel Robbie zu ergattern. Wie man ihrem Bericht darüber entnehmen kann, gibt es dabei einige Komplikationen: »Ich war in sechs verschiedenen Geschäften, aber überall waren die Hüte ausverkauft. Schließlich war ich in einem siebten, und da war noch einer, aber eine andere Frau hatte ihn schon entdeckt. Wißt ihr, ich kann nur schwer begreifen, wie jemand eine vollkommen fremde Person aus dem Weg stößt, ihr dabei auf die Hand tritt und den Ellbogen an den Kopf rammt, nur, um einen Batman-Hut zu krallen.«

In einer komischen Szene – Erinnerungen an frühere Weihnachtsgeschenke – platzt in das liebevoll dekorierte Haus der unerwartete Besuch von Dorothys Exmann Stan. Er bringt für sie ein Baseball-Radio als Weihnachtsgeschenk mit. Natürlich völlig selbstlos, gratis und franko, aber immerhin verbunden mit der Verpflichtung für ein Jahresabonnement einer Sportillustrierten. Die Szene hat es in sich, Weihnachtskerzen und Festzeitsgüte werden hinweggefegt, als Stan in marktschreierischer Manier damit beginnt, allen möglichen Schrott zu Mini-Preisen anzubieten. Stan: »Ich plane ein Forschungs- und Entwicklungslabor. Es wird bald eröffnet. Wir könnten dann aktuelle und aufregende Neuigkeiten auf den Markt bringen. Dagegen würden alle Hits von heute furchtbar alt und blaß aussehen. Um das zu verwirklichen, brauch ich nichts weiter als tausend Dollar. Von jeder von euch. Na, was sagt ihr dazu?«

Sophia erinnert sich an eine Christmesse und ist davon noch immer beeindruckt: »Die Messe war in Latein, eine schöne, alte Sprache, heute ist sie mal in Englisch und mal in Spanisch. Wenn ihr mich fragt, sollten alle Messen wieder in Latein gehalten werden, in der Sprache, die Jesus sprach.«

Die prosaische Welt rückt dem Festtagsglanz immer wieder bedrohlich auf die Pelle, aber dieses Miteinander von Weihnachtsglitzer und Banalitäten hat seine Reize. Als Rose sich entschlossen hat, in die Kirche zu gehen, um Miamis Armen ein Essen zu bescheren, gelingt es ihr mit einiger Mühe, die anderen mitzuziehen. Dorothy zeigt ihr gewohntes Mitgefühl, Blanche verzichtet auf die übliche Anmache und denkt ausnahmsweise mal nicht an Sex, und Sophia läßt ihren Zynismus brav zu Hause.

Besetzung

Dorothy, Rose, Blanche, Sophia, Stan, Reverend Avery, drei Sänger

1. Akt

1. Szene

Wohnzimmer – Tag

Blanche liegt auf der Couch und verschafft sich mit einem Handventilator etwas Kühlung. Sophia liest in der Zeitung, der Raum ist festlich geschmückt. Ein opulenter Weihnachtsbaum ist strahlender Mittelpunkt. Rose hängt einen Kranz an die offene Haustür und summt »Jingle Bells«. Jede Strophe schließt sie mit einem temperamentvoll gerufenen »Hey!« ab.

»Rose, du hast jetzt eine halbe Stunde lang ›Jingle Bells‹ geträllert und ›Hey‹ geschrien: Muß das sein?« mäkelt Blanche von der Couch her.

»Ich kann das ›Hey‹ nicht singen, ich muß es rufen!« erklärt Rose und verdrückt sich in die Küche.

Schwer bepackt mit Einkaufstüten kommt Dorothy nach Hause: »O Mann, das da draußen ist die Hölle. Und es sind mindestens vierzig Grad. Alle Geschäfte sind brechend voll.«

»Hast du was für deinen Enkelsohn bekommen?« erkundigt sich Sophia.

»Da triffst du genau ins Schwarze! Robbie hat sich einen Batman-Hut gewünscht. Ich war in sechs verschiedenen Geschäften, die Hüte waren überall ausverkauft. Dann kam ich in das siebente Geschäft, und die hatten noch einen. Aber als ich ihn sah, hatte ihn eine andere Frau auch gerade gesehen. Also ich kann es nicht fassen, daß jemand eine vollkommen fremde Person aus dem Weg stößt, ihr dabei auf die Hand tritt und den Ellbogen an den Kopf rammt, nur um einen Batman-Hut zu krallen. Aber ich habe es trotzdem gemacht. Ich habe den Hut. Und ich habe, glaube ich, die Marotte, Geschenke zu machen, die meinem Enkel mehr Spaß bringen als das Zeug, das ich von meinen Großeltern bekommen habe.«

»Weißt du noch, Ma«, erinnert sich Dorothy, »wie mir die Großeltern an Weihnachten ein Stück Seife geschenkt haben in der Form der Sieben Zwerge?«

»Was war denn daran so verkehrt?« wundert sich Blanche.

»Na, welches Kind will schon mit Seife spielen? Und nach ein paarmal baden sahen die Dinger aus wie Hämorrhoiden-Zäpfchen.«

Es klingelt, und als Dorothy öffnet, steht Stan vor der Tür, ihr »Ex«. Stan trägt ein Toupet auf dem Kopf und ein Geschenk in der Hand: »Hi, Süße, ich bin's, Stan. Ich hab dir ein Geschenk mitgebracht.«

»Na, so was, vielen Dank, Stanley.« Überrascht nimmt Dorothy das Geschenk entgegen. »Ach, seht mal, da steckt auch noch eine kleine Weihnachtskarte. Fröhliche Weihnachten«, liest sie vor, »und herzlich willkommen als neuer Abonnent der Sportillustrierten.«

»Du hast doch noch kein Baseball-Radio, oder?« räuspert sich Stan ein wenig verlegen.
»Wozu bist du nun wirklich gekommen?« erkundigt sich Dorothy resolut.
»Nur, um euch alle wohlhabend und glücklich zu machen.«
»Na phantastisch. Wann immer mein Schiff einläuft, ist der Kahn leck. Also, was willst du?«
»Ich plane ein Forschungs- und Entwicklungslabor«, berichtet Stan und setzt eine wichtige Miene auf. »Es wird bald eröffnet. Wir können dann aktuelle und aufregende Neuigkeiten auf den Markt bringen, dagegen würden die Hits von heute furchtbar alt und blaß aussehen. Um das alles zu verwirklichen, brauch ich nichts weiter als tausend Dollar. Von jeder von euch. Was sagt ihr dazu?«
Die Antwort der Golden Girls kommt wie aus einem Munde: »Nein!«
»Okay. Sagen wir hundert. Aber dafür gibt es dann keinen Monatsbericht.«
Dorothy hat den dringenden Wunsch, das Vertretergespräch zu beenden. »Leb wohl, Stanley«, gibt sie höflich, aber bestimmt das Signal zum Aufbruch.
»Wie wär's, wenn ich draußen ein bißchen warten würde, damit ihr Zeit habt, alles nochmal zu überdenken?«
»Von mir aus, bitte«, gestattet Dorothy großzügig. »Wenn er morgen früh noch da ist, kriegt er einen Kaffee, okay?« wendet sie sich mit einer entschuldigenden Geste an die übrigen Girls, als Stan das Haus verlassen hat.

»Der Kerl ist ein Alptraum. Warum muß uns dieser Ungeist unbedingt an Weihnachten heimsuchen!« beschwert sich Sophia, die ihren ehemaligen Schwiegersohn schließlich kennt.

»Das bißchen Festtagsstimmung, das ich hatte, ist weg«, stimmt ihre Tochter ein.

»Das wäre aber schade, weil nämlich jeder für jeden noch ein Weihnachtsgeschenk kaufen muß.« Blanche hat nicht vor, sich das Fest vermiesen zu lassen.

»Ja. Moment. Ich habe darüber gründlich nachgedacht. Es will doch eigentlich niemand von uns in dieser furchtbaren Hitze zum Einkaufen gehen. Deshalb schlage ich vor, wir werfen unsere Namen in einen Hut, und dann brauchen wir nur ein Geschenk für diejenige auszusuchen, deren Namen wir gezogen haben.«

»Bei deinem Plan sehe ich ein Problem, Schmusekätzchen. Einer von uns wird Roses Geschenk bekommen.«

»Da hat sie recht«, muß Blanche zugeben. »Und ihr wißt ja, wie schwer es allen fällt, so zu tun, als ob ein Geschenk von Rose Freude machen könnte. Nein, vergeßt es. Das geht nicht.«

»Na was denn, Blanche, sei doch nicht kindisch. Wir haben alle die gleiche Chance, uns das Fest zu ruinieren. Mit macht es nichts aus, von Rose ein Geschenk zu bekommen.«

»Auch wieder wahr. Seid fair miteinander.« Mit Sophias Appell an den olympischen Sportsgeist begeben sich die Damen in die Küche.

1. Akt
2. Szene

Küche – Tag

In der Küche treffen sie auf Rose, die noch immer ihr »Jingle Bells« summt.
»Rose, ich muß dir was wegen Weihnachten sagen«, versucht Dorothy vorsichtig, ihre Idee zu verkaufen. »Zum Einkaufen ist es zu heiß, die Läden sind brechend voll, wir haben nur noch zwei Tage Zeit, und deshalb haben wir beschlossen, Namen aus dem Hut zu ziehen, so daß jeder von uns nur ein Geschenk kaufen muß.«
»Aber Dorothy, ich kaufe wahnsinnig gern ein, und ich schenke auch wahnsinnig gern. Und dann, wenn wir jetzt Namen aus einem Hut ziehen, was für Namen werden denn das überhaupt sein?« Rose hat den Plan offensichtlich noch nicht ganz durchschaut.
»Die Ex-Beatles, Rose. Unsere Namen natürlich!«
»Ach so, ja, also ich bin mir da nicht sicher. Ich meine, wenn du an Weihnachten denkst, denkst du da nicht auch ans Schenken?«
Da Rose nur noch hinhaltenden Widerstand leistet, beginnt Blanche, die Namen auf kleine Zettel zu schreiben. Dorothy setzt unterdessen ihre Überzeugungsarbeit fort: »Doch, schon, aber es ist nicht das Wichtigste. Wenn ich an Weihnachten denke, dann fällt mir Weihnachten in New York ein, die tollen Dekorationen in den Geschäften, die Show in Radio-

City, die Schlittschuhläufer auf dem Eis beim Mitsubishi-Center...«
»Zu meiner Zeit sind wir an Heilig Abend zur Mitternachtsmesse gegangen«, unterbricht Sophia mit mißbilligendem Blick.
»Ach ja?« entfährt es Dorothy erstaunt, die es ja eigentlich wissen müßte.
»Erinnerst du dich nicht mehr, Dorothy?«
»Aber natürlich, Ma.« Dorothy klingt etwas unsicher. »Die Musik und die Kerzen... Es war sehr feierlich.«
»Und die Messe war in Latein, eine schöne, alte Sprache, heute ist sie mal in Englisch und mal in Spanisch. Wenn ihr mich fragt, sollten alle Messen in Latein sein, der Sprache, die Jesus sprach.«
»Ma, er sprach hebräisch.«
Das wundert Sophia. »Was denn, sogar in der Kirche?«
»Wißt ihr was, ich habe nachgedacht«, unterbricht Rose den historischen Exkurs.
»Das erklärt dann auch die Schweißtropfen auf deiner Stirn.« Blanche hat die vier Zettel zusammengerollt und in eine Schüssel gelegt.
Rose läßt sich nicht beirren: »Vielleicht hat Dorothy recht. Ich brauche keine Einkaufsorgie, um in Weihnachtsstimmung zu kommen. Meine Kirche beschert den Armen ein Abendessen, und ich habe mich freiwillig zum Servieren gemeldet. Das wird mein Weihnachtsstimmungsmacher werden.«
»Okay, dann machen wir's also so«, gibt nun Dorothy das Signal zur Auslosung. »Und jetzt paßt auf, wel-

chen Namen ihr zieht, denn nur für die Person, die auf dem Zettel steht, sollt ihr ein Geschenk kaufen.« Und zu Blanche: »Es spielt doch gar keine Rolle, wer deinen Namen zieht, denn es wird bestimmt auf jeden Fall ein tolles Geschenk. Fang an, Blanche.«
Blanche nimmt einen Zettel aus der Schüssel und entfaltet ihn:
»Okay, mal sehen, ich kaufe für ... Dorothy!«
Die Auserwählte ist hochzufrieden. »O ja!« jubelt Dorothy voller Begeisterung.
Vergiß nicht, Blanche, ein großzügiges Geschenk macht aus dir einen großzügigen Menschen.« Blanche quittiert Roses Ratschlag mit einem gequälten Lächeln.
»Na, mach schon, Dorothy, du bist dran«, drängt nun Sophia zur Fortsetzung der Losrunde.
Dorothy nimmt ein Los und liest vor: »Okay, ich kaufe für ... Ma.«
Sophia ist mit dieser Wahl natürlich einverstanden, und auch Rose findet langsam Gefallen an der Prozedur: »Das war wirklich eine tolle Idee. Das macht riesigen Spaß.«
»Sei schon still, Rose«, bremst Blanche Roses Begeisterung, doch die läßt sich nicht bremsen. »Und jetzt – bin ich jetzt dran?« fragt sie aufgeregt. Als die anderen nicken, greift sie in die Schüssel und verkündet die Entscheidung. »Okay. Ich kaufe für ... Rose.«
»Na, Gott sei Dank.« In Blanches Augen ist das ein Wunschergebnis.

»Nein, nein«, protestiert Dorothy, »das geht nicht, Rose, du kannst dich doch nicht selber ziehen.«
»Na, da bin ich aber froh. Es fällt mir so schwer, für mich das Richtige zu finden.«
»Rose, du kaufst für ...«, Dorothy entfaltet den letzten Zettel.
»Blanche!« verrät Sophia die zwangsläufige Entscheidung.
»Wunderbar, vielen Dank, Dorothy.« Rose ist spürbar erleichtert, daß ihr zumindest ein Weihnachtseinkauf erhalten geblieben ist. »Nein, wirklich, diese Idee war gut.« Und für Blanche hat sie schon mal einen kleinen Tip: »Ich will dir ja nicht die Überraschung verderben, aber in ein paar Wochen kann jemand in diesem Zimmer jodeln!«

1. Akt
3. Szene

Wohnzimmer – am Weihnachtsmorgen

Am Weihnachtsmorgen haben sich die Golden Girls im Wohnzimmer versammelt, um ihre Geschenkpakete auszupacken. Sophia öffnet ein kleines Päckchen und erstarrt: »Dein Bruder Phil, Gott lasse sein Gehirn ruhen, macht weltweit die schlimmsten Geschenke«, wendet sie sich an ihre Tochter. »Was bitte ist Zahnseide für ein Geschenk!«

»Nun ja, sie ist gewachst und schmeckt nach Pfefferminz«, versucht Rose dem Präsent eine gute Seite abzugewinnen.
Spontan schiebt Sophia Rose die Zahnseide zu: »Hier, geh und hüll dich in Seide. So ein Stinker! Und dabei hab ich ihm ein so schönes Geschenk geschickt!»
»Was denn?« erkundigt sich Blanche neugierig.
»Etwas Feines aus dem Katalog.«
»Ein Parfum?«
»›Victorias Geheimnis.‹«
Auch Rose hat inzwischen ein Paket geöffnet. »Das ist mein Geschenk von Kirsten. Sie weiß immer genau, was sich ihre Mutter wünscht.« Freudestrahlend schüttelt sie eine kleine Schneekugel. »Es ist eine Schneekugel aus St. Olaf.«
»Wieso, da ist nichts weiter drin als Schnee«, mäkelt Blanche unromantisch.
»Aber so sieht St. Olaf im Winter aus.« Sie geht aus dem Zimmer und kommt gleich darauf mit einem Teller aus der Küche zurück. »Wer möchte frischgebackene Weihnachtsplätzchen?«
Dorothy beäugt das Gebäck mißtrauisch. »Seit wann haben Weihnachtsplätzchen die Form der amerikanischen Nationalflagge und der Freiheitsglocke?«
»Ich konnte die Weihnachtsform nicht finden, da hab ich einfach die für den Nationalfeiertag genommen.«
Sophia hält ein Flaggenplätzchen triumphierend in die Runde und beißt schließlich herzhaft hinein. »Ich

würde gern mal wissen, was Präsident Bush davon hält, wenn wir zu Weihnachten seine Flagge futtern«, nuschelt sie mit vollem Mund.
»Also, das wären dann wohl alle Geschenke. Ausgenommen die, von denen wir wissen, daß Früchtekuchen drin ist«, beschließt Blanche das allweihnachtliche Ritual.
»Halt, halt, halt. Was ist mit dem Geschenk, das Blanche hinter der Couch versteckt hat?«
»Oh, mein Geschenk für dich.« Rose strahlt Blanche an. »Ich hole es. Ich kann es ja kaum erwarten, dein Gesicht zu sehen.«
»Das geht mir genauso«, beteiligt sich Dorothy an der allgemeinen Vorfreude.
»Hier für dich, Süße.« Rose überreicht Blanche ihr Geschenk.
Die öffnet das Paket zögernd. Verblüfft muß sie gestehen, daß ihr gefällt, was sie sieht: »Aber Rose, das ist ja eine richtig hübsche Bluse.«
»Ich hoffe, sie gefällt dir. Dorothy hat gesagt, du hättest am liebsten etwas für dich Zweckloses. So, und ich muß in einer halben Stunde in der Kirche sein. In einer Stunde fangen sie an, das Weihnachtsessen für die Armen zu servieren. Ich muß mich fertig machen.
»Sag mal, Rose, kannst du vielleicht Hilfe brauchen?« erkundigt sich Dorothy.
»Aber ja, wir brauchen jede Hilfe, die wir nur kriegen können.«
»Dann komm ich mit.«
»Dann könnt ihr auch auf mich zählen«, schließt sich Blanche an. »Ich habe ein Geschenk bekommen, das

ich nicht im Garten beerdigen muß, dadurch bin ich jetzt richtig in Weihnachtsstimmung.«

»Ma? Kommst du?«

»Eigentlich wollte ich mir ›Narbengesicht‹ ansehen«, überlegt Sophia. »Ich hab mir die Kasette ausgeliehen. Na gut, schön, ich gehe auch mit. Hey, ich hab eine Idee. Wir haben den ganzen Früchtekuchen von diesem Jahr, den von letzten Weihnachten und noch den von vorletzten Weihnachten. Das packen wir alles zusammen und dann...«

»Was dann? Dann bauen wir damit einen Luftschutzbunker?«

»Nein, wir könnten daraus eine Spende machen... Ich meine, wir bringen ihn in die Kirche als Dessert.«

»Ich finde, das ist eine nette Idee.« Rose bedenkt Sophia mit einem anerkennenden Blick. »Wir in St. Olaf sagen, Weihnachten ohne Früchtekuchen ist wie Fronleichnam ohne Leiche.« Und ohne Zögern begeben sich die Golden Girls in die Küche.

1. Akt
4. Szene

Gemeindesaal – am gleichen Tag

Wenig später sind die Golden Girls und andere freiwillige Helfer im Gemeindesaal mit den Vorbereitungen für das Weihnachtsessen beschäftigt. Bevor die ersten Gäste eintreffen, hält Reverend Avery noch eine kleine Ansprache: »Also, bevor wir die Tür öffnen, möchte ich Ihnen allen danken, daß Sie ihre eigene Weihnachtsfeier verlassen haben, um denen eine Weihnachtsfreude zu machen, die weniger vom Glück begünstigt sind als wir. Niemandem werden wir die Tür weisen, im Gedenken daran, wie Maria und Josef keinen Platz in der Herberge gefunden haben.«

Das ist ein Problem, das Rose schon länger beschäftigt. »Reverend Avery«, spricht sie ihn direkt an, »wieso haben Maria und Josef eigentlich nicht vorher angerufen und reserviert? Sie mußten doch eigentlich wissen, wie schwer es ist, an Weihnachten, ein Zimmer zu bekommen.«

Der Gottesmann schaut fassungslos. »Ich glaube, Rose, das ist wohl mehr eine Frage für die Theologen...«, bringt er schließlich heraus und ergreift die Flucht.

Sophia kommt mit einer Pfanne voller Truthahnteile aus der Küche. »Ich kann mich einfach nicht daran gewöhnen, zu Weihnachten diesen dämlichen Truthahn zu servieren. Das ist völlig unsizilianisch.«

»Was gab es denn bei euch?« interessiert sich Blanche.

»Aale.«

»Aale?«

»Ja, stimmt«, bestätigt Dorothy. »Aale sind ein traditioneller Teil der echten sizilianischen Weihnacht.«

»Natürlich gab es auch Aalkroketten, Aalhaschee, Aaltetrazzini, Aalgebäck...«, führt Sophia weiter aus.

Da steigen auch bei Rose Erinnerungen an das Weihnachten ihrer Kindheit auf. »Ach, ich vermisse die traditionelle Weihnacht von St. Olaf.«

»Entschuldige mich, Rose, ich würde gerne mal kurz rausrennen und mich von einem Bus überfahren lassen«, unterbricht Dorothy, die schon eine längere, sentimentale Erzählung aus der guten alten Zeit befürchtet.

»Nein, erst kommt noch das Krippenspiel mit den Schafhirten und den Engeln und den zwei Weisen.«

»Es waren drei aus dem Morgenland, Rose«, korrigiert Blanche genervt.

»Nicht in St. Olaf. Und nach der Aufführung sind wir alle runter auf den Marktplatz gegangen und haben einen Kreis gebildet. Und dann sind wir wieder nach Hause und haben Lachs geräuchert.«

»Wozu das denn um Himmels willen?«

»Weil es so am einfachsten war, daß das ganze Haus nach Räucherfisch duftet. Und dann war es auch Tradition bei uns, daß alle Tiere in dieser Nacht drinnen im Haus geschlafen haben. Das war dann ein ziemlicher Gestank, der blieb bis Neujahr, und wir beschlossen dann immer, das nie wieder zu machen. Aber beim nächsten Weihnachten machte nur einer eine Flasche Eierlikör auf, und irgendein Schlaumeier sagte: Was soll's, es bleibt alles beim alten. Es ist Weihnachten.«

Alle Vorbereitungen für das Weihnachtsessen sind mittlerweile abgeschlossen. Reverend Avery kommt wieder herein und mustert den Raum mit einem

anerkennenden Blick. »Also, meine lieben freiwilligen Freunde, seid bereit. Ich öffne die Türen.« Die Freiwilligen nehmen Aufstellung, und der Reverend öffnet die Tür. »Willkommen, meine Freunde! Willkommen alle miteinander! Fröhliche Weihnachten!«
Die Gäste drängeln herein. Es sind teils abgerissene, teils ordentlich gekleidete Menschen jeden Alters. Etwas verloren steht abseits ein Weihnachtsmann.
»Ich hätte nicht gedacht, daß auch Kinder dabei sind«, beobachtet Blanche den Andrang.
»Ich weiß. Und was macht der Weihnachtsmann hier?« erkundigt sich Rose.
»Ach, das ist irgendein armer Arbeitsloser, der kriegt zehn oder fünfzehn Dollar, dafür steht er an der Straßenecke und schwingt das Glöckchen für die Wohltätigkeit. Viele von ihnen können sich nicht mal eine bescheidene Mahlzeit leisten.«
Der Weihnachtsmann hat offenbar bemerkt, daß die beiden über ihn gesprochen haben. »Hallo, ihr da, wie geht's?« spricht er Dorothy an.
»Hallo, Santa Claus.«
Er nimmt die Mütze und den Bart ab: »Hallo, Dorothy, ich bin's, Stanley.«

2. Akt
1. Szene

Gemeindesaal – später

Dorothy benötigt ein bißchen Zeit, um sich von dieser Überraschung zu erholen. »Stan, was tust du denn hier? Was ist mit deinem Forschungs- und Entwicklungslabor?«

»Na ja, das war doch nur der Versuch, ein paar Kohlen zu bunkern, um gut über die Feiertage zu kommen.« Stan scheint sich seines Täuschungsmanövers keineswegs zu schämen.

»Soll das etwa heißen, du wolltest uns betrügen?«

»Wenn du dafür ein Etikett brauchst, dann würd ich drauf schreiben ›mit Garantie‹.«

»Aber Stan, wie konntest du nur?«

»Was hätt ich dir denn erzählen sollen, Dorothy«, erklärt Stanley mit einem müden Schulterzucken. »Daß ich pleite bin? Daß ich den Geschmack der Öffentlichkeit falsch eingeschätzt habe? Ich dachte, ich würde groß rauskommen mit meinem Plastik-Rentier-Weihnachtsscheiß...«

»Das kommt eben davon, wenn man zu hoch hinaus will«, unterbricht Dorothy.

»Und dann dachte ich, bei der riesen Hitze und der Brandgefahr, hätte ich eine Neuigkeit, die alle vom Hocker reißt, Santa Claus mit Sonnenbrille auf einem Feuerwehrauto. Da habe ich meinen letzten Cent reingesteckt und hab zwölf Dutzend bei meinem Lieferanten in Deutschland bestellt, in Ostberlin. Da ist alles problemlos rausgekommen, was raus wollte, nur meine Feuerwehrautos nicht. Erst gestern abend sind sie bei mir angekommen.«

»Na laß nur, Stanley, du warst auch schon vorher ziemlich tief unten.« Dorothy kennt die Schublade, in die sie ihren Ex-Mann einzuordnen hat. »Das ist nun mal das typische Merkmal bei deiner Art von Geschäften. Warum gehst du nicht nach Hause, feierst ein bißchen Weihnachten und siehst deiner Zukunft morgen mal etwas nüchterner ins Auge?«

»Ich kann nicht nach Hause gehen«, gesteht Stanley kleinlaut.

»Warum nicht?«

»Katharina hat mich rausgeschmissen.«

»Deine Frau hat dich rausgeworfen?« Dorothy klingt eher freudig überrascht als entsetzt. »Und ich dachte, daß sie ein Dummerchen wäre. Was ist passiert?«

»Sie hat mich der Untreue beschuldigt, was sagst du dazu?«

»Verdammt, das ist unglaublich, Stan. Ich dachte, in unserer Ehe wäre deine Untreue die Ausnahme gewesen.»

»Warum ausgerechnet ich? Die totale Pleite und obdachlos und das an Weihnachten. Warum ich?« Stanley zerfließt in Selbstmitleid. Doch da ist er bei Dorothy an die Falsche geraten: »Warum du? Warum die? Sieh dich mal um. Du bist hier nicht gerade der einzige, dem es an Weihnachten dreckig geht. Denk auch mal daran, das lenkt dich von deinem

Selbstmitleid vielleicht ein bißchen ab. Ich muß wieder an die Arbeit.« Sie läßt Stanley einfach stehen.
»Das war Mrs. Überempfindlich«, erklärt Stanley einem Kind, das die Auseinandersetzung der beiden beobachtet hat, und mischt sich wieder ins Gedränge.

2. Akt

2. Szene

Gemeindesaal, Küchentrakt – kurze Zeit später

Das Weihnachtsfest ist im vollsten Gange, die freiwilligen Helfer sind emsig bei der Arbeit. In der Küche legt Blanche gerade vorsichtig eine Torte auf die Kuchenplatte, Dorothy hilft ihr dabei.
»Weißt du, diese Veranstaltung hier erinnert mich an mein liebstes Weihnachtsfest, damals 1951, als ich bei der Truppenbetreuung war und den Jungs, die nach Korea eingeschifft wurden, das Weihnachtsfest ein bißchen verschönt habe«, erinnert sich Blanche. »Ich gab diesen jungen Helden etwas, das nicht einmal Bob Hope ihnen hätte geben können.«
»Kratzer und Knutschflecke?« vermutet Dorothy.
»Doughnuts, Dorothy. Big Daddy war Mitbesitzer eines Doughnuts-Ladens. Hast du wirklich geglaubt, ich hätte bei den Jungs auch nur einen Augenblick über Sex nachgedacht? Das war eine wunderbare

Weihnachtsgeschichte, Dorothy, also das verletzt mich jetzt wirklich.«

»Ist ja schon gut, tut mir leid, Blanche«, beschwichtigt Dorothy.

»Wie auch immer, nachdem die Jungs ihre Doughnuts hatten... genau gesagt, ein bißchen später, da war es dann dasselbe wie an einem Veteranen-Tag. Aber sie haben sich wacker gehalten.«

Rose und der Reverend tragen das schmutzige Geschirr in die Küche. »Eigentlich ist das, was Dorothys Exmann passiert ist, gar nicht so ungewöhnlich«, bemerkt Avery, während er einen Berg Teller absetzt.

»Was, wirklich?« fragt Rose ungläubig.

»Sie wären erstaunt, wenn sie wüßten, wieviel Leute nur zwei oder drei Gehälter davon entfernt sind, auf die Straße gesetzt zu werden. Leute, die aus einem ordentlichen Leben plötzlich in die Armut gestoßen werden. Es haut sie um, und es ist sehr schwer, sich wieder hochzurappeln.«

»Was geschieht mit all diesen Leuten?« Dorothy ist von dem Gedanken, daß die Armenküche Stans permanentes Schicksal sein könnte, gar nicht angetan.

»Das weiß niemand. Es gibt keinen bezahlbaren Wohnraum. Die Mieten steigen und steigen, und die Minimalgehälter bleiben da unten, wo sie sind.«

»Ich finde das unfair«, macht Rose ihrer Empörung Luft.

»Das ist es auch. Es gibt drei Millionen obdachlose, hungernde Leute in diesem Land.«

»Mich bedrückt der Gedanke, daß sie heute etwas zu essen bekommen, weil Weihnachten ist, aber wer wird ihnen morgen etwas geben?« fragt sich Blanche nachdenklich.
Der Reverend nickt zustimmend: »Als der große Redner in seiner bekannten Bergpredigt über die Armen sprach, da hat er wohl kaum an die Leute gedacht, die auf dem Müll in der Straße schlafen müssen. Selig jedenfalls sind sie nicht.«
Sophia kommt aus dem Gemeindesaal herein und wendet sich an ihre Tochter: »Dorothy, Stan ist draußen, und er tut sich selber so leid, daß er sogar die Obdachlosen zum Weinen bringt.«
»Ach, Blanche, übernimmst du mal bitte für mich?«
»Was willst du machen?«
»Ich will versuchen, Stan das Gefühl zu geben, er sei wieder ein ganzer Mann.«
»Brauchst du irgend etwas dazu?« bietet Blanche ihre Hilfe an.
»Ja, mindestens einen halben Mann.«
Da ist noch etwas, das Blanche beschäftigt: »Sophia, das mit den Aalen vorhin, da hast du uns nur auf den Arm genommen, stimmt's?«
»Aber wo werd ich denn«, versichert Sophia im Brustton der Überzeugung und mit treuherzigem Augenaufschlag. »In Sizilien wäre Weihnachten nicht Weihnachten ohne einen Teller voll Aal und Lerchen.«
»Lerchen? Na jetzt hör aber mal, Lerchen sind keine Vögel zum Essen, das sind Singvögel!«
»In Sizilien singen sie nicht lange.«

2. Akt
3. Szene

Gemeindesaal – wenig später

Kurz darauf hat Dorothy Stanley im Getümmel entdeckt. Sie geht auf ihn zu und lotst ihn in die Gemeindehalle, wo sie ohne Mithörer sprechen können.
»Stanley?«
»Ich habe ganz vergessen, dir fröhliche Weihnachten zu wünschen«, beginnt Dorothy.
»Na, und was für welche.« Stan hat sein Stimmungstief ganz offensichtlich noch nicht überwinden können.
»Jetzt komm schon, Stanley, von allen hier geht es dir immer noch am besten«, versucht Dorothy ihn aufzumuntern.
»Das kannst du laut singen.«
»Weißt du, Stanley, früher hast du's immer fertiggebracht, mißlungene Feiertage ins Gegenteil zu verkehren. Erinnerst du dich noch an die Weihnachten, wo wir so pleite waren, daß du die Kinder tatsächlich davon überzeugen konntest, Weihnachten wäre erst zwei Tage später, am 26.? Und dann hast du von irgendwo vom Müll einen Weihnachtsbaum geholt. Du hast ihn mit Kaugummiverpackungen und Kronkorken geschmückt und das Fernsehen angestellt. Und den Kindern hast du erzählt, irgend so ein Clown, der gerade auftrat, wäre der König der Könige und es wäre das schönste Weihnachten, das je in Amerika gefeiert wurde.«

»Ja«, lächelt Stanley, »und sie haben es sogar geglaubt.«
»Bis auf die Reportage, wo Jesus seine olympischen Medaillen abliefern mußte, weil er als professioneller Baseballspieler entlarvt wurde.«
»Aber trotzdem, das Ganze wurde so eine Art Tradition bei uns«, beharrt Stan.
»Ja, damals hattest du Erfindungsgabe. Du hast dich nicht unterkriegen lassen. Und ich bin überzeugt, du bringst das wieder fertig, Stan, wenn du nur mal ein bißchen hart arbeitest und deinen Zbornak Charme spielen läßt.«
»Besonders in letzterem bin ich recht gut.« Stanleys altes Selbstvertrauen kehrt hörbar zurück.
»Ja, ich weiß, mit deinem Charme könntest du allen die Höschen ausziehen. Ich will dir das gerne glauben. Andererseits war ich eigentlich recht pflegeleicht.«
»Weißt du, Dorothy, diesmal ist alles ein bißchen anders. Ich hab zwar früher schon mal vom Faß den Boden abgekratzt, weil es mir dreckig ging, aber diesmal hab ich nicht mal ein Faß.«
»Dann bau dir eins, Stan, hör auf zu winseln.« Mit einer Handbewegung wischt sie alle möglichen Einwände beiseite. »Es ist kläglich und übertrieben.«
»Aber auch im Winseln kann man effektiv sein. Alles, was ich brauche, sind ein paar Dollar für einen ganz kleinen Grundstock.«
Mit einem Seufzer zieht Dorothy ein Portemonnaie aus der Tasche. »Also gut, hier, Stan, nimm es.«

Sie hält Stanley ein paar Dollarscheine hin und der greift freudig zu. »Was für ein tolles Mädchen. Und um dir zu zeigen, wie sehr ich dich liebe, werde ich nicht einmal nachzählen.«

»So mag ich dich nicht, Stanley. Erniedrige dich nicht unnötig.«

»Tut mir leid, Dorothy, daß ich nicht mehr der Mann bin, von dem du dich hast scheiden lassen.«

»Mir tut das besonders leid.«

»Na ja, ich würde gern noch eine Weile dableiben und mich von dir fertigmachen lassen, aber...«

Dorothy weiß, daß man Reisende nicht aufhalten soll.

»Schon gut, schon gut. Gegessen hast du. Jetzt suhl dich am besten woanders.«

Sie geht zurück in den Gemeindesaal. Stan folgt ihr, um sich seinen falschen Bart und die Weihnachtsmütze zu holen. »Sei nicht so hochnäsig, Dorothy. Du bist nicht die einzige Exfrau, die ich habe.«

»Und warum kommst du dann immer noch zu mir?«

»Weil du die einzige bist, die mir die Tür aufmacht.«

2. Akt
4. Szene

Gemeindesaal – später

Das Fest neigt sich dem Ende zu. Rose hat gerade mit den Kindern Weihnachtslieder gesungen. Reverend Avery schaut nach einem kleinen Rundgang durch den Saal bei ihr vorbei. »Nun, ich glaube, das hätten wir erfolgreich hinter uns gebracht. Das Essen ist alle.«
»Nur nicht der Früchtekuchen. Ich versteh das nicht, jetzt ist noch mehr da als vorher.«
»Ich wollte, wir könnten etwas mehr für die Leute tun«, wünscht sich Blanche.
Damit spricht sie Rose aus dem Herzen. »Besonders für die Kinder.«
»Ja, das ist ein weites Feld. Ich weiß, daß man auch für ihre geistigen Bedürfnisse sorgen müßte, aber daran ist nicht zu denken, solange man sie kaum satt bekommt und in menschenunwürdigen Verhältnissen leben läßt.« Reverend Avery macht eine nachdenkliche Pause, dann geht er zu seinen Gästen und hält eine kurze Abschiedsrede: »Wir möchten Ihnen allen herzlich danken, daß Sie gekommen sind. Ich hoffe, wir konnten Ihnen ein bißchen Freude machen, und ich erbitte Gottes Segen für Sie alle in der Hoffnung, daß das neue Jahr bessere Zeiten für Sie bringen wird.«
In diesem Augenblick fliegt die Tür auf, und der Weihnachtsmann kommt mit Sack und Pack herein.

Natürlich handelt es sich um den Weihnachtsmann Stanley. »Fröhliche Weihnachten, ho ho ho! Hier ist Santa Claus mit Spielsachen für alle braven Kinder. Ho ho ho! Wart ihr denn auch alle lieb und brav?«
»Jaaaaa!« kreischen die Kinder fröhlich und versammeln sich um den Weihnachtsmann. Der lacht und verteilt seine importierten Feuerwehrautos mit Santa Claus auf dem Fahrersitz. Die Kinder sind begeistert, und auch die Golden Girls schauen sehr zufrieden.

2. Akt

5. Szene

Gemeindesaal Küche – später

Gäste und Helfer sind gegangen. In der Küche des Gemeindesaals trinken die Golden Girls mit Stanley – diesmal ohne Bart, Perücke und Kapuze – Kaffee.
Dorothy strahlt: »Ich bin stolz auf dich, Stan, wirklich, das bin ich, richtig stolz.«
»Die Sache mit den Autos war ganz reizend«, stimmt Blanche zu.
»Du hast mich direkt dazu gebracht, wieder an den Weihnachtsmann zu glauben.«
»Ging mir genauso.« Auch Sophia ist von der positiven Entwicklung Stanleys angetan.

»Mir nicht, ich habe die ganze Zeit gewußt, daß es Stan war«, widerspricht Rose nicht ganz ernsthaft.
»Na ja, irgendwie ist mir wohl doch klar geworden, daß ich vom Glück noch weit mehr begünstigt bin als viele andere.« Stanley hat sein Selbstmitleid vergessen und ist jetzt voller Energie und Tatendrang. »Morgen werde ich mich voll in die Ostersaison schmeißen. Ich hab eine taufrische Idee für den Osterhasen: Ein verziertes Osterei mit einem kleinen Fenster drin. Und wenn du reinsiehst, dann ist da eine wunderschöne Osterszene drin.«
»Das ist aber gar nicht so neu. Solche Ostereier werden schon seit Jahr und Tag angeboten.«
»Kann sein. Aber meine Ostereier hinterlassen schwarze Ringe unter den Augen.«
Dorothy kann sich mit dieser Idee anfreunden: »Na, das schreit ja förmlich ›Fröhliche Ostern‹!«
»Und noch was, Dorothy, ich hab mich bei meiner Frau entschuldigt, und was soll ich dir sagen, sie läßt ihren Weihnachtsmann wieder nach Hause kommen.«
»Das ist wunderbar«, freut sich Dorothy. »Dann kannst du mir auch meine sechzig Dollar zurückgeben.«
Damit hat Stanley nicht gerechnet. »Tja, weißt du«, erklärt er stockend, »als ich mich entschuldigt habe bei meiner Frau, da hab ich es ihr natürlich mit Blumen gesagt.«
»Was, für sechzig Dollar?«
»Dorothy, du weißt ja, ich habe meine Fehler, aber

ich bin nicht geizig.« Und bevor die Golden Girls das Thema weiter vertiefen können, verläßt er schnell das Haus.

»Eigentlich«, meint Dorothy schließlich nachdenklich«, war das eines der schönsten Weihnachtsfeste, die ich mit Stan erlebt habe.«

»Er war heute direkt nett«, stimmt sogar Sophia widerstrebend zu.

Blanche besinnt sich darauf, daß ihre Erfolge sonst eher auf amourösem Gebiet liegen. »Ich bin noch selten an einem Abend schon so früh so stolz auf mich gewesen.«

»Ja, im großen und ganzen waren wir heute recht gut drauf.«

»Aber ich wünschte doch, wir könnten noch mehr tun.«

Rose spricht Dorothy aus dem Herzen. »Dazu haben wir auch Veranlassung, denn wir haben einen Ort, wohin wir zurückkehren und wo wir uns wohl fühlen können. Und das haben viele Menschen nicht. Und diese armen Menschen sollten wir ein bißchen fester in unserem Herzen und in unserem Gedächtnis bewahren, nicht nur an Weihnachten, sondern an möglichst vielen Tagen des Jahres.«

»Wir haben nicht nur einen Platz, wohin wir zurückkehren dürfen, es ist auch einer, an dem der eine für den andern da ist. Wir haben uns gegenseitig. Und immer ist jemand da«, erinnert Sophia.

»Das ist ein richtig tolles Gefühl«, faßt Dorothy die allgemeine Hochstimmung zusammen.

»Dann tun wir jetzt auch das einzig richtige, wir gehen nach Hause. Na?« schlägt Blanche vor, und alle gehen zur Tür.
»Und nochmals vielen Dank, daß ihr mitgekommen seid und geholfen habt. Fröhliche Weihnachten!« wünscht Rose mit bewegter Stimme.
Jetzt fallen sich die Golden Girls in die Arme: »Fröhliche Weihnachten!«

Herzklopfen

Ein neues Thema beschäftigt in dieser Folge Blanche und ihre Freundinnen. Der Autor, Philip Jayson Lasker, stellt erstmals eine völlig veränderte Blanche in den Mittelpunkt, die Angst um ihre Gesundheit haben muß. Blanche, der es normalerweise so gut geht, daß sie sich höchstens um die Gesundheit anderer Gedanken machen müßte, kommt eines Tages nach Hause und verkündet, daß sie jetzt einen Apparat tragen würde, der ihren Herzschlag kontrolliert: »Doktor Stein meinte, mein Herz würde sich etwas unregelmäßig anhören. Aber ich glaube, das war nur, weil ich so unbequem und oben ohne vor einem fremden Mann dasitzen mußte.«

Doch der lebenslustigen Blanche vergeht das Lachen, und ihre oberflächlichen Späßchen machen zunehmend einer ängstlichen Selbsterforschung Platz. Sie ist fest entschlossen, den Anordnungen des Arztes genau Folge zu leisten, denn wenn ihr auch ein aktives Liebesleben über alles geht, ohne Gesundheit wäre selbst das nur noch eine halbe Sache. »Das Gerät zeichnet genau meinen Herzschlag auf, und den will der Doktor dann mit meinen Aktivitäten vergleichen,

deshalb muß ich während der nächsten vierundzwanzig Stunden alles aufschreiben, was ich tue.«
Als Blanche am nächsten Tag vom Arzt erfährt, daß er ihr einen Herzschrittmacher einsetzen will, wird sie von Panik ergriffen, und der nächste Blick in den Spiegel überzeugt sie davon, daß ihr das Alter ins Gesicht starrt. Entmutigt ringt sie sich zu der Formel durch: »Ich will einfach wieder jung, hübsch und gesund sein!« Aber die Eitelkeit verläßt sie nicht, auch im Krankenbett nicht. Als die Operation näher rückt, entsetzt sich Blanche über den Gedanken, daß vielleicht eine Narbe, wenn auch klein, so doch nicht unbemerkbar, zurückbleiben würde. Nach vollzogenem Eingriff, beim nächsten Treffen mit ihrem Freund Simon, enthüllt uns eine bis dato unbekannte Blanche, daß sie Angst vor der Liebe hat, solange sie mit einem Herzschrittmacher leben muß.
Blanches Zustand verschlechtert sich, denn die selbstauferlegte Entsagung läßt sich mit ihrem wiedererwachten sexuellen Appetit nicht in Einklang bringen. Aber noch während sie ohne große Überzeugungskraft verkündet, daß sie dem Sex abzuschwören gedenkt, bringt Sophia die Sache auf den Punkt: »Ich bin überzeugt, daß sie ganz schnell wieder von den Beinen ist und auf dem Rücken liegt!«

Besetzung

Dorothy, Rose, Blanche, Sophia, Simon, Dr. Stein

1. Akt

1. Szene

Lanai – Nachmittag

Sophia sitzt, tief in Gedanken versunken, auf dem Sofa. Dorothy kommt zur Tür herein und sieht ihre Mutter fragend an: »Hi, Ma. Was machst du denn gerade?«

»Ich denke nach.«

»Über was?«

»Über Wind, Wasser, Felsen...«, antwortet Sophia geistesabwesend, »der Menschen Platz im empfindlichen Gleichgewicht der Harmonie der Natur, wohin wir steuern, wo die Straße endet.«

»Mann o Mann«, Dorothy staunt nicht schlecht. »Ich habe gar nicht gewußt, daß du eine philosophische Ader hast.«

»Hab ich gar nicht. Es sind nur diese verdammten unendlichen Werbesendungen, die machen mich noch verrückt.«

»Hallo? Wo seid ihr denn?« hören sie jetzt Rose auf dem Flur.

»Wir sind hier, Rose«, ruft Dorothy, und gleich darauf steht Rose mit Paketen beladen im Wohnzimmer.

»Was, um Himmels willen, ist das alles?« will Dorothy neugierig wissen.

»Gewichtsreduktionsprodukte, die ich zu testen habe. Ihr glaubt ja gar nicht, wie weit die Leute gehen, um ein paar Pfund zu verlieren. Ich habe von einer Frau gehört, die hat sich sogar ihren Kiefer verdrahten lassen.«

»Und willst du das vielleicht auch testen, Rose?«

Während Rose noch nach einer passenden Antwort sucht, gesellt sich Blanche zur Runde.

»Ach, hier seid ihr alle«, begrüßt sie die Damen und nimmt Platz.

»Na, wie war die Untersuchung?« erkundigt sich Dorothy.

»Eigentlich gut«, strahlt Blanche. »Der Doktor wollte mir gar nicht glauben, als ich ihm mein Alter gesagt habe.«

»Wieso denn das? Was für ein Alter hast du ihm denn genannt?« lautet Dorothys boshafte Frage. Blanche hat sich unterdessen elegant ihrer leichten Sommerjacke entledigt. Dabei kommt ein Etui mit Monitor zum Vorschein, das sie am Körper trägt. Dorothy bekommt einen kleinen Schock, als sie das Gerät bemerkt: »Blanche, was ist denn das für ein Ding?«

»Sie hat sich entschlossen, einen Geldwechsler zu installieren«, vermutet Sophia einfühlsam.

»Das ist ein, ähm, tragbarer Monitor«, erklärt Blanche etwas verlegen. »Der macht so' ne Art Bandaufnahme vom Herzschlag.«

»Wieso, was hast du denn am Herzen?«

»Ach, gar nichts«, Blanche klingt etwas zu robust. »Doktor Stein meinte nur, es höre sich ein bißchen unregelmäßig an. Aber ich denke, es war nur, weil ich so unbequem und oben ohne vor einem fremden Mann dasaß.«

»Das nächste Mal stell dir einfach vor, du wärst zu Hause und er wär der Psychiater«, rät Dorothy leichthin.

Doch Rose will sich jetzt mit Small talk nicht abfinden. »Blanche, was hat der Arzt gesagt?« fragt sie und schaut ihre Freundin ernst an.

»Ach, der murmelte bloß irgend etwas auf Lateinisch. Ich habe ihm erklärt, daß Simon und ich jeden Abend ausgegangen sind... Ich wäre einfach ein bißchen erschöpft.«

»Und dann, was hat er gesagt?« läßt nun auch Dorothy nicht locker.

»Daß er meinen Herzschlag mit dem Ding hier aufzeichnet und mit meiner Aktivität vergleichen will«, berichtet Blanche widerwillig. »Deshalb muß ich die nächsten vierundzwanzig Stunden alles aufschreiben, was ich tue.«

»Und du schämst dich nicht, ihn diesen Schmutz lesen zu lassen?« läßt sich Sophia ungläubig vernehmen.

Dorothy kommt Blanche zu Hilfe. »Ich bin stolz auf dich, Blanche. Ich glaube, wenn mir das passieren würde, dann hätte ich richtig Angst.«

»Wenn ich Angst habe, stecke ich meinen Kopf immer zwischen die Knie«, nimmt Rose das Stichwort auf.

»Nein«, widerspricht Dorothy, »das macht man, wenn einem schlecht wird.«

»Ja«, beharrt Rose, »wenn ich Angst habe, wird mir schlecht. Erinnert ihr Euch noch, was passiert ist, als der Mann versucht hat, mein Portemonnaie zu stehlen?«

»Richtig, das klappte besser als 'ne chemische Keule«, erinnert sich Dorothy lebhaft und klopft Blanche aufmunternd auf die Schulter: »Liebes, ich bin sicher, es ist nichts, worüber du dir Sorgen machen müßtest.«

»Na ja, jedenfalls tue ich trotzdem, was der liebe Onkel Doktor sagt, und schreibe alles auf. Ich rufe Simon an und sage unser Rendezvous für heute abend ab. Ich fange nämlich an, ihn wirklich zu mögen, und ich möchte ihm keine Sorgen machen, indem ich seine sexuellen Leistungen beschreibe. Ihr wißt ja, wie zerbrechlich das männliche Ego ist. Eine Kleinigkeit, wie der Schrei des falschen Namens, und schon sind sie am Boden zerstört.« Entschlossenen Schrittes verläßt sie das Wohnzimmer, die übrigen Girls schauen ihr stirnrunzelnd nach.

1. Akt
2. Szene

Wohnzimmer – am nächsten Nachmittag

Rose ist gerade dabei, ihre neueste Errungenschaft, eine Vakuumhose, zu testen, als Dorothy ins Wohnzimmer kommt. »Hübsche Hose, Rose«, lobt sie großzügig.

»Man nennt sie Vakuum-Slacks. Die sollen alles Fett von deinem Körper einatmen. Paß mal auf.« Rose verbindet die Hose mit dem Vakuumgerät, und die Hosenbeine füllen sich prall mit Luft. »Ich muß was falsch gemacht haben«, meint sie kopfschüttelnd. »Vielleicht hätt ich es lieber auf ›saugen‹ stellen sollen?«

»Hallo, die Damen«, Blanche kommt gerade von einem weiteren Arztbesuch nach Hause zurück.

»Was hat der Doktor gesagt?«

»Oh, er hatte schlechte Neuigkeiten für mich«, berichtet Blanche und läßt niedergeschlagen die Schultern hängen.

»Wirklich? Welche?« fragt Dorothy beunruhigt.

»Er hat mir mit schonungsloser Offenheit enthüllt, daß er verheiratet ist.«

»Und was noch, Blanche?«

»Na ja, also puh, er war ein bißchen besorgt, weil mein Puls langsam und unregelmäßig ging.« Ein Blick auf Roses Vakuumhose eröffnet Blanche die Möglichkeit zum Themenwechsel: »Rose, diese Hosen... aber doch nicht mit den Schuhen!«

»Blanche, der Arzt...«, Dorothy läßt nicht locker.

»Ach, na, ihr wißt doch, wie die bei den kleinsten Kleinigkeiten sind.«

»Und?« Dorothy ist ihre Besorgnis jetzt deutlich anzusehen.

»Ach, Doktor Sorgenvoll will, daß ich zu weiteren Tests ins Krankenhaus komme.«

Sophia stürmt ins Zimmer und baut sich drohend vor

ihrer Tochter auf. »Dorothy, hast du an meinem Tip O'Neill Kalender rumgemacht?«
»Nein, Ma, hab ich nicht.«
»Wer sonst, mir fehlt der März. Das ist der Monat, in dem er mit Jesse Helms Volleyball spielt.«
Doch Dorothy hat jetzt andere Dinge im Kopf. »Ma, jetzt bitte nicht«, unterbricht sie ungeduldig. »Blanche muß zu weiteren Untersuchungen ins Krankenhaus, ihr Arzt will das so.«
»Das wird schon seinen Grund haben. Um ganz sicher zu gehen«, beruhigt Rose. Vor allem sich selbst.
»Ja, natürlich hat es seinen Grund. Was wäre das für ein Arzt, der das nicht gern richtig überprüfen würde.«
»Tja nun, wenn es ihn glücklich macht. Wenn es wirklich so schlimm ist, wie er glaubt«, meint Blanche sachlich, »will er einen Schrittmacher in mich reinstecken.«
Sophia blickt überrascht auf: »Den Spitznamen dafür habe ich auch noch nicht gehört.«
»Ich war in meinem ganzen Leben noch nicht so verängstigt«, gibt Blanche nun erstmalig zu.
»Weißt du, was ich mache, wenn ich Angst habe?« Rose will praktische Lebenshilfe geben.
»Du schmeißt mit Plätzchen«, weiß Sophia.
»Ich meine außerdem. Ich singe.«
»Du tust was?« Dorothy starrt Rose entgeistert an.
»Ich singe ein Schlaflied, das hat mir meine Mutter immer vorgesungen, als ich klein war. Und wenn ich jetzt mal Angst habe, singe ich es auch, das gibt mir Mut.«

Blanche hat aller Mut verlassen. »Kein Lied der Welt kann mir helfen«, schluchzt sie. Die Golden Girls schauen sie mitfühlend an, dann beginnt Rose zu singen: »Wir hängen unsere Wäsche an der Siegfried-Linie auf...«
»Das ist das Schlaflied, das dir deine Mutter vorgesungen hat?« Dorothy kann's nicht fassen.
»Ja, es ist das einzige, das sie kannte. Im Ersten Weltkrieg hat sie Kaffee und Kuchen an die Jungs verteilt, bevor sie nach Europa abgedampft sind. Es hilft wirklich. Sie sagte, ›keiner hat mehr Angst, wenn er das Lied hört, ausgenommen vielleicht der Kaiser‹.«
»Ich brauche kein Lied«, beschwert sich Blanche. »Ich will einfach wieder jung und hübsch und gesund sein.«
»Aber Blanche, das wollen wir doch alle.«
»Ich weiß, aber ich verdiene es.«

1. Akt
3. Szene

Im Krankenhauszimmer – eine Woche später

Eine Woche später ist Blanche im Krankenhaus, um sich einen Herzschrittmacher einsetzen zu lassen. Sie sitzt im Bett und legt gerade Make up auf, als Doktor Stein ins Zimmer kommt: »Na, wie geht es uns heute, Mrs. Devereaux?«

»Ich bin etwas nervös«, gibt Blanche zu.
»Na ja, aber ein Make up brauchen sie wirklich nicht.«
»Na ja, ich möchte gut aussehen, nur für den Fall, daß...«
»Für den Fall, daß was?« fragt Doktor Stein mit einem Stirnrunzeln nach.
»Falls irgend etwas schiefgeht... Ich war auf genug Beerdigungen, um zu sehen, wie sie die Toten herrichten. Die sehen aus wie die Clowns. Man möchte erwarten, daß sie gleich wieder aus dem Sarg hüpfen.«
»Gar nichts wird schiefgehen«, beruhigt der Arzt. »Ich habe diese Prozedur sicherlich hundert Mal durchgeführt. In einer Woche sind sie wieder topfit. Das einzige, was wir machen, ist eine kleine Inzision unterhalb des Schlüsselbeins, da entsteht eine kleine Tasche für den Schrittmacher, und dann leiten wir einen hauchdünnen Draht durch die Vene ins Herz. Und dann kann der Schrittmacher kleine, elektrische Schocks an die Klappe abgeben, die den Herzschlag reguliert.«
Jetzt sitzt Blanche kerzengerade im Bett. »Sie meinen, sie wollen in mich reinschneiden?«
»Nur ein bißchen, aber das wußten sie doch.«
»Und wird das nicht eine Narbe hinterlassen? sorgt sich Blanche.
»Eine winzige, ja.«
»Oh, tut mir leid. Aber Narben an mir kann ich unmöglich akzeptieren. Sehen sie, ich trage fast nur

schulterfreie Kleider, ich meine früher oder später. Es tut mir leid, aber das muß ich mir nochmal gründlich überlegen.«

»Nun«, beendet Doktor Stein das Gespräch, »dazu haben wir keine Zeit mehr. Der Eingriff ist bereits vorbereitet. Glauben Sie mir, alles geht gut.«

Dorothy, Rose und Sophia sind gerade zur Tür hereingekommen, und Dorothy hat noch die letzte Bemerkung des Arztes mitgehört. »Was gibt es denn? Ist irgend etwas nicht in Ordnung?« fragt sie.

»Ihr wurde eben erst klar, daß eine kleine Narbe zurückbleiben wird. Aber es ist nichts weiter als das Lampenfieber der letzten Minuten. Fast alle Patienten haben es.« Der Arzt geht aus dem Zimmer, und Dorothy übernimmt es nun, die Patientin zu beruhigen. »Jetzt mach dir bloß keine Sorgen, Liebling, da wird gar nichts sein. Du wirst sie kaum bemerken.«

»Dieser Verrückte will mich vom Bug bis zum Heck aufreißen.«

»Deine beiden bevorzugten Teile«, stellt Sophia mit unbewegter Miene fest.

Zwei Pfleger kommen mit einem OP-Hemd herein, das sie Blanche überreichen. »Sind wir soweit?«

»Ich fürchte, ja«, antwortet Blanche kleinlaut und zieht sich das Hemd an. »Wie sehe ich aus?«

»Sie werden keinen Blick von dir abwenden können«, verteilt Dorothy noch schnell ein Kompliment, bevor die Pfleger Blanche hinausfahren. Sie schaut mit einem langen, verzweifelten Blick auf die drei, so als würde sie sie nie mehr wiedersehen.

»Wir hängen...«, beginnt Rose zaghaft zu singen. Und Sophia und Dorothy fallen ein: »Wir hängen unsere Wäsche an der Siegfried-Linie auf, an der Siegfried-Linie, an der Siegfried-Linie...«

2. Akt

1. Szene

Küche – eine Woche später, nachts

Eine Woche später ist Blanche wieder zu Hause. Rose und Dorothy sitzen spät abends noch in der Küche. Sophia kommt aus Blanches Zimmer mit einem Tablett herein.

»Wie geht's Blanche?« erkundigt sich Dorothy.

»Der geht's gut. Die wird im Nu wieder von den Beinen sein und auf dem Rücken liegen, keine Sorge.«

»Sophia, ich fand es ganz toll, daß du für Blanche die ganze Woche über gesorgt hast«, lobt Rose.

»Ich fühl mich wie eine reguläre Krankenhausangestellte.«

»Ja, das ist gut.«

»Eben«, bestätigt Sophia. »Ich habe gerade alles Geld und allen Schmuck aus ihrem Nachttisch genommen.«

Dorothy wirft ihr einen mißtrauischen Blick zu, den Sophia jedoch nicht bemerkt, weil sie sich am Kü-

chenschrank zu schaffen macht. »Hey, wo ist mein Mikrowellen-Popcorn?« ruft sie inquisitorisch, als sie trotz intensiver Suche nicht fündig wird.
»Das haben wir verschenkt«, klärt Rose sie auf. »Seit Blanche ihren Schrittmacher hat, dürfen wir die Mikrowelle nicht mehr benutzen. Das haben uns die Ärzte gesagt.«
»Aber ich mag dieses Popcorn.«
»Ma, wenn wir die Mikrowelle benützen, könnte Blanche sterben.«
Erst jetzt wird Sophia bewußt, in welchem Ausmaß diese neue Situation ihr Leben verändern wird: »Heißt das etwa, es gibt auch keine Nudeltöpfchen mehr?«
»Wir werden sie nicht mehr benutzen, Ma. Genauer gesagt, morgen kommen die Leute von der Wohlfahrt und holen sie ab.« Dorothy duldet in dieser Frage keinen Widerspruch.
»Aber ich liebe die Mikrowelle. Ich bin dreiundachtzig Jahre alt. Willst du, daß ich das bißchen Zeit, das mir noch bleibt, damit verbringe, auf eine gebackene Kartoffel zu warten?«
In diesem Augenblick betritt Blanche die Küche. »Wo ist mein Geld, alte Dame?« und streckt fordernd die Hand aus.
»Ich wußte, daß sie das auf die Beine bringt. Ich bin die geborene Heilerin. Hier hast du dein Geld und deinen High-School-Ring.« Dabei hat sie nach der Gravur gesucht und liest jetzt vor: »Klasse neunzehn...«

»Gib schon her«, Blanche grabscht nach dem Ring.
»Ach, Blanche«, freut sich Rose«, es tut gut zu sehen, daß du wieder ganz die alte bist. Aber vergiß nicht, der Doktor hat gesagt, daß du dich in den ersten Tagen nicht anstrengen darfst, dann wäre alles in Ordnung.«
»Ich bin durchaus nicht wieder die alte, wie du das charmanterweise formuliert hast. Tatsache ist, daß ich vielleicht nie wieder so sein werde, wie ich war.«
»Was redest du denn da, Blanche?« widerspricht Dorothy ärgerlich.
»Hör zu, ich weiß, es klingt ein bißchen verrückt, und wenn ich es nicht selbst erlebt hätte, würde ich es auch nicht glauben. Aber während ich operiert wurde, habe ich eine außerkörperliche Erfahrung gemacht. Ich schwebte gewissermaßen außerhalb von mir und sah auf mich selbst herab. Es war wie, wie, es war wie...«
Dorothy hilft freundlich aus: »Wie was? Wie der Spiegel an der Decke des Schlafzimmers?«
»Es war wie mein eigenes Bewußtsein. Und ich erkannte, daß alles anders geworden ist.«
»Wie denn anders?«
»Ich war in dieser nebulösen Grauzone zwischen Leben und Tod«, beschreibt Blanche das Gefühl in geheimnisvollem Ton. «Ähm, ähm, für mich ist nun die Zeit gekommen, mein Leben neu zu bewerten. Eine Inventur meiner selbst zu machen. Ich weiß, es gibt einen Teil in mir, den noch nie jemand gesehen hat.«
»Das ist kaum zu glauben«, korrigiert sie Sophia trokken.

»Wenn sich ein fünftausend Jahre alter Inder sehen läßt, dann sagt ihm bitte, ich möchte mehr über sein Volk wissen.« Mit diesen Worten geht Blanche aus dem Zimmer.
Sophia sieht ihr ungläubig nach: »Und dafür soll ich die frischen, heißen Nudeltöpfchen aufgeben?«

2. AKT
2. Szene

Wohnzimmer – zwei Wochen später, nachts

Dorothy liegt auf der Couch und liest in einem Buch, Sophia studiert das Fernsehprogramm: »Hey, Dorothy, rate mal, wer heute bei Johnny Carson dabei ist.«
»Wer?« fragt Dorothy, ohne von ihrem Buch aufzusehen.
»Johnny Carson.«
»Das muß die Jubiläumsshow des Jahres sein.«
Rose kommt mit einem elektrischen Muskelstimulator herein. An ihre Hüften und Arme hat sie Sensoren angeschlossen.
Dorothy schaut sie fassungslos an: »Um Himmels willen, Rose, was soll denn das vorstellen?«
»Ein Wabbelstimulator«, erklärt Rose ernsthaft. »Du schließt ihn an deine Muskeln an, die geben elektrische Impulse ab und helfen dir, deine unerwünschten Fettablagerungen loszuwerden.«

»Paßt der in einen Hut?« will Sophia boshaft wissen. Rose verkneift sich die passende Antwort. »Wo ist Blanche?« fragt sie statt dessen.
»Sie hat eine Verabredung mit Simon«, gibt Dorothy Auskunft. »Es ist das erste Mal, daß sie ausgeht, das kann lange dauern, bis sie wieder nach Hause kommt.«
»Abreisezeit ist gewöhnlich um zwölf Uhr Mitternacht.« Sophia kennt ihre Pappenheimer.
»Blanche hat seit Wochen keine Verabredung mehr gehabt. Ich weiß das, weil alle Bilder an meiner Wand noch gerade hängen.«
»Hey, es ist nicht so einfach, ohne das auszukommen. Ich erinnere mich noch, wie meine Schwiegermutter zu Sal und mir auf Besuch kam, als wir gerade frisch verheiratet waren. Zwei Monate lang, Dorothy, hatten dein Vater und ich keinen Sex.«
»Und warum nicht?« fragt Dorothy verständnislos.
»Sie schlief zwischen uns. Es war eine sehr kleine Wohnung. Hast du jemals einen Italiener erlebt, nachdem er solange enthaltsam leben mußte?«
»Nein«.
»Na ja, dein Vater war ja auch der einzige in der Familie.«
»Aber irgendwann ist sie doch wieder abgefahren, nicht wahr, Sophia?«
»Ja. Den Tag werde ich nie vergessen. Dein Vater hat blaugemacht, er wollte unbedingt zu Hause bleiben.« Bei der Erinnerung an die pikanten alten Zeiten muß Sophia kichern. »Unglücklicherweise konnte ich an

te ich an diesem Tag aber nicht frei nehmen. Ich weiß nicht, was er gemacht hat, aber als ich nach Hause kam, war er richtig glücklich.«
Jetzt fühlt sich auch Rose ermuntert, aus dem Nähkasten zu plaudern: »Charlie war Handelsreisender, wie ihr wißt, da war ich manchmal wochenlang allein. Ich hatte oft solche Mühe einzuschlafen, daß ich es mit Schäfchen-Zählen versucht habe.«
»Rose, wenn in der Geschichte echte Schafe vorkommen, will ich sie nicht hören.«
»Okay«, gibt sich Rose geschlagen.
Blanche kommt mit Simon zur Haustür herein, und beide werden mit großem Hallo begrüßt.
»Ach, Simon«, freut sich Dorothy. »Es ist schön, dich wiederzusehen. Wie ist es dir ergangen?«
»Es war ein bißchen einsam.« Dabei legt er seinen Arm um Blanche. »Aber jetzt geht's wieder besser.«
»Ach ist das süß«, strahlt Rose romantisch.
»Ich glaube, ich sage jetzt lieber gute Nacht«, und Simon führt Blanche auf die Veranda.

2. Akt
3. Szene

Veranda – nachts

»Hm, es war wirklich schön«, schwärmt Blanche, als die beiden allein sind.
»Willst du damit sagen, ähm, daß unsere Verabredung jetzt zu Ende ist?« Simon hat sich von diesem Abend offensichtlich etwas mehr versprochen.
»Na ja, wir sind essen gegangen, wir waren im Kino, warum fragst du, was wäre noch übrig?«
»Na ja, ich würd's halt gern mal wieder wissen«, umschreibt Simon das Naheliegende.
»Tut mir leid, Simon.« Blanche ist etwas verlegen. »Ich, ähm, ich bin einfach noch nicht soweit. Verstehst du das?«
»Natürlich, ja... es bleibt mir wohl nichts anderes übrig.«
»Ich hatte ein Erlebnis, Simon, das mein ganzes Leben verändert hat. Und ich brauche Zeit, um darüber nachzudenken. Meine Prioritäten muß ich neu sammeln und neue Perspektiven setzen.«
»Was immer du willst.« Simon zeigt – etwas widerwillig – Verständnis. »Kann ich dich morgen anrufen?«
»Ja, natürlich.«
Simon geht auf Blanche zu, um sie zu küssen, doch sie wendet ihr Gesicht ab, und so landet der Kuß auf ihrer Wange. Blanche lacht etwas nervös: »Du bist doch nicht sauer, oder?«

»Nein nein nein. ... Mann, was für eine wundervolle Nacht. Ich glaube, ich werde den Wagen nach Hause schieben.«

2. Akt
4. Szene

Wohnzimmer – nachts

Simon macht sich auf den Weg, und Blanche geht zurück ins Wohnzimmer, wo die anderen Golden Girls noch beisammensitzen.
»Simon ist schon gegangen?« erkundigt sich Rose betont beiläufig.
»Das scheint dich zu überraschen.«
»Na ja, normalerweise haben doch deine Verabredungen immer mit einer kleinen Unterhaltung zwischen zwei Kissen geendet.«
»Ja«, vermutet Sophia boshaft. »Zum Beispiel: Wie, sagten Sie, war doch gleich Ihr Name?«
»Ich hatte erwartet, daß mich meine drei besten Freundinnen etwas besser verstehen würden. Daß sie begreifen würden, daß ich einfach noch nicht soweit bin«, beklagt sich Blanche.
»Aber Blanche, der Doktor hat ausdrücklich gesagt, daß du alles genauso tun könntest, wie du es vorher gemacht hast.«

»Der Doktor hat leicht reden. Er ist nicht ich.«
»Was willst du damit sagen?« Dorothy schwant nichts Gutes.
»Ich habe eine Entscheidung getroffen. Blanche Devereaux gibt den Sex auf.«
Nach dieser unerwarteten Erklärung verschwindet Blanche Richtung Flur. Sophia schaut ihr zweifelnd hinterher: »Und was hat das für einen Effekt auf die Moral unserer Jungs in Übersee?«

2. Akt
5. Szene

Küche morgens – zwei Wochen später

Zwei Wochen sind seit Blanches heroischem Entschluß vergangen. Dorothy und Sophia sitzen morgens in der Küche, Rose kommt strahlend herein: »Gute Neuigkeiten, Girls. Ich habe vier Pfund zugenommen.«
»Und was ist das Gute daran?« fragt Dorothy ungläubig.
»Es ist der Beweis, daß die ganzen Gewichtsverlust-Produkte nichts taugen. Also ich glaube, um diese vier Pfund wieder loszuwerden, muß ich auf eine empfindliche Diät gehen. Eine Diät, von der ich weiß, daß sie Erfolg hat: die ›St. Olaf-ich-kann-nicht-glauben-daß-das-Käse-ist-Diät‹.«

»Wie funktioniert die denn?«
»Du darfst nichts anderes als Reis essen.«
»Guten Morgen, Ladies«, Blanche betritt die Küche und verteilt kleine Geschenke an die Damen: »Dorothy, für dich ein Eis-am-Stiel-Portmonnaie. Sophia, eine Eis-am-Stil-Potpourri-Schachtel, und für dich, Rose, zwei reizende Eis-am-Stiel-Ohrringe.«
»Dann erzähl mal, Blanche, wie genießt du den Zölibat?« fordert Dorothy ihre Freundin auf.
»Warte«, Blanche macht sich auf den Weg zur Kühltruhe, »ich hol mir nur noch schnell ein Eis am Stiel, ich bin gleich wieder da.«
»Blanche, ich mach mir Sorgen. Seit zwei Wochen lebst du von nichts anderem«, sorgt sich Rose.
»Tja, wenn ich kein Eis am Stiel esse, wie komm ich sonst an den Stiel?«
»Ich bin froh, daß du ein Hobby gefunden hast«, meint Dorothy mit deutlichem Zweifel in der Stimme, »aber ich kann mir nicht vorstellen, daß Blanche Devereaux Erfüllung darin findet, Dinge aus Stielen von Eis am Stiel zu machen, anstatt Liebe zu machen.«
»Ach, das bedeutet mir nichts mehr. Ich mach mir aus gar nichts mehr was. Irgendwie hat das ganze Leben gar keinen Sinn mehr für mich.«
»Na, wer möchte Popcorn?« wittert Sophia ihre Chance.
»Ich weiß nicht, was ich von mir selber zu erwarten habe mit diesem Ding in mir. Ich erinnere mich jetzt nur daran, daß man elektrische Steckdosen nicht überlasten darf.«

»Vielleicht solltest du nicht lieben, wenn du naß bist?« rät die praktisch veranlagte Rose.
»Es war keine leichte Entscheidung, aber es ist wohl am besten, wenn ich unbesiegt aus der Sexualarena steige. Es ist Zeit, meine Handschuhe an den Nagel zu hängen.«
»Handschuhe?« Rose runzelt die Stirn. »Das klingt ja nach doppelt und dreifacher Sicherheit.«
»Sex taugt nur etwas, wenn du mit dem Herzen bei der Sache bist.« Dabei tippt sie sich auf die Brust. »Und das hier ist ein Organ, auf das ich mich nicht mehr verlassen kann.«
»Jetzt hör schon auf, Blanche«, Dorothy ist das Selbstmitleid jetzt leid. »Vielleicht ist es dir nicht klar, aber wenn du wirklich so darüber denkst, dann solltest du Simon wenigstens Bescheid sagen, damit er weiß, woran er ist.«
»Während der letzten zwei Wochen stand er mit gekreuzten Beinen da«, weiß Sophia zu berichten.
»Gut. Ich sag's ihm heute abend«, verspricht Blanche und geht hinaus.
»Ich kann's nicht fassen, Blanche hat zwei Wochen ohne überlebt. Das ist ja, als ob Udo Jürgens singt ›aber ohne Sahne‹!« resümiert Dorothy das Gespräch.
»Was, glaubst du, ist mit ihr los?«
»Vielleicht ist sie von dem außerkörperlichen Erlebnis nicht mehr ganz zu sich selbst zurückgekommen«, vermutete Sophia. Doch als sie die nachdenklichen Blikke der anderen bemerkt, murmelt sie: »Man darf nicht versuchen, Wissenschaft mit Kindern zu diskutieren.«

2. Akt
6. Szene

Wohnzimmer – am gleichen Abend

Am Abend begleitet Simon Blanche nach dem Essen nach Hause. »Vielen Dank, Simon, für den bezaubernden Abend.«
»Ich habe eigentlich nicht gedacht, daß du ihn bezaubernd findest. Du hast fast den ganzen Abend kein Wort gesagt.« Erst jetzt bemerkt Simon, daß das Haus offensichtlich menschenleer ist. Er sieht sich um. »Wo sind die anderen?«
»Oh, die sind alle ins Kino gegangen. Äh, Simon, deswegen wollte ich mit dir nach Hause gehen. Ich äh, ich wollte, daß wir alleine sind.«
»O Baby«, singt Simon und macht sich sogleich die schönsten Hoffnungen.
»Hm, ja, ich weiß nicht, wie ich es dir sagen soll«, bremst Blanche. »In meinen wildesten Träumen habe ich nie daran gedacht, daß ich das überhaupt einmal sagen müßte, und du weißt ja, daß ich ziemlich wild träumen kann. Was ich dir also zu sagen versuche, Simon, das letzte Mal, als wir uns geliebt haben, das war das letzte Mal. Ich glaube, es war ein Glück, daß wir dabei diese Aufnahmen gemacht haben.«
»Von was redest du da?« Simon kann nicht glauben, was er da gehört hat.
»Ich gebe die physische, also die körperliche Seite meines Privatlebens auf. Nachdem, was ich alles

durchgemacht habe, kann ich mir nicht mehr zutrauen, weiterhin den Gipfel der Leidenschaft zu erklimmen, weil ich nicht weiß, ob ich da je wieder runterkomme.«
»Mir ist ja bekannt, daß du dir wegen des Schrittmachers Sorgen machst«, räumt Simon immerhin ein, »aber...«
»Wärst du etwa nicht besorgt?«
»Blanche, viele meiner Bekannten über fünfzig, ich meine über vierzig«, korrigiert er sich hastig, als er Blanches indignierten Blick bemerkt, »haben so einen Schrittmacher. Und alle führen ein vollkommen normales Leben. In jeder Hinsicht, beziehungsweise in jeder Beziehung.«
»Aber es ist in mir! Ach Simon, zum ersten Mal in meinem Leben habe ich einfach Angst vor Intimitäten.«
»Vielleicht bin ich daran schuld. Vielleicht habe ich dich zu sehr bedrängt.«
»Nein, du bist nicht schuld«, beruhigt sie ihn.
»Blanche, du bist dieselbe Persönlichkeit, die du immer warst, das kannst du mir glauben. Und vor allem, du mußt davon überzeugt sein.«
»Das möchte ich auch, Simon. Und ich habe es versucht. Aber ich kann es nicht.«
Blanche geht zur Tür und öffnet sie. Doch Simon ist nicht bereit, der offensichtlichen Aufforderung nachzukommen: »Liebling, deine Phantasie spielt dir einen Streich, das ist nicht der richtige Augenblick für uns beide aufzugeben.«

»Leb wohl, Simon.«
»Na ja, also gut, wenn du mich zum Abschied küßt... Ich will meinen Kuß!« Er küßt sie leidenschaftlich, der Kuß will kein Ende nehmen. Hinter seinem Rükken fühlt Blanche ihren Puls, dann stößt sie mit dem Fuß die Tür zu.
»Geht es dir gut?« erkundigt sich Simon besorgt.
»Ich glaube schon.« Prüfend legt Blanche die Hand aufs Herz. »Ich fühle keine Funken.«
»Nun, in diesem Fall nehme ich das als Kompliment.«
»Ich bin ein wenig erhitzt, aber ich glaube, das ist nicht so schlimm, als daß ich damit nicht fertig werden könnte.«
»Was hast du denn erwartet, was passieren würde?«
»Ich weiß nicht. Ich hatte bloß immer diese Comic-Gestalten vor Augen, denen der Rauch aus den Ohren kommt.«
»Ich kann nichts sehen.«
Blanche nimmt Simon bei der Hand und beginnt, Richtung Schlafzimmer zu gehen. »Hör mal, in meinem Schlafzimmer steht ein riesiger alter Fernseher. Was würdest du sagen, wenn wir da hineingehen und, äh, ihn abstellen. Solange du noch begreifst, daß ich nichts versprechen kann.«
»Wenn du brav bist, bin ich es auch.«
Kurz darauf kommen Dorothy, Rose und Sophia zur Haustüre herein. Dorothy hat hörbar Krach mit ihrer Mutter: »Ma, ich hab dir doch gesagt, daß es mir leid tut.«

»Ich kann doch wohl erwarten, daß du mir sagst, daß es ein ausländischer Film ist, wenn wir schon zusammen ins Kino gehen.«
»Ist das denn wirklich so wichtig?«
»Na hör mal«, Sophia holt empört Luft, »ich mußte vor der Leinwand stehen, nur um die Untertitel lesen zu können, und dann bin ich zurückgerannt, um einen vollständigen Satz zusammenzukriegen. So was kann dich glatt umbringen.«
»War das nicht Simons Wagen, der vor dem Haus stand?« mischt sich Rose in den Streit ein.
»Bist du sicher?« fragt Dorothy erstaunt, geht in die Küche und ruft laut nach Blanche. »Sie ist nicht hier«, meldet sie bei ihrer Rückkehr.
»Vielleicht hatte sie Ärger mit ihrem Schrittmacher«, vermutet Rose besorgt, »und hat ihn zu Hilfe gerufen, wir waren ja nicht da.«
»O mein Gott!«
Jetzt ist aus Besorgnis Panik geworden. Alle rennen den Flur entlang zu Blanches Schlafzimmer. Dorothy hat schon die Hand am Türgriff, da hören sie von drinnen Gesang: »Wir hängen unsere Wäsche an der Siegfried-Linie auf...« Das Lied endet, und eine selbstbewußte Blanche fordert: »Das war das letzte Stück, jetzt häng dich mal richtig rein.«

Bitte beachten Sie
die folgenden Seiten

Reiselust und Reisefrust

Pointierte Beobachtungen zum Thema Reise hat Manfred Schmidt, Vater des unsterblichen Nick Knatterton, in seiner gewohnt witzig-frechen, doch nie ausfallenden Manier festgehalten. Humor und Satire auf den Punkt gebracht.

Herbig